INHALT

AF196180

Erfahrungsberichte und Erinnerungen

Dank- und Gedächtnisgottesdienst

Anstelle eines Schlusswortes

Zur Einführung

Hans Küng († 6. April 2021) hat nicht nur einen Kreis von Theologinnen und Theologen geprägt, die an seinem Lehrstuhl bzw. später an seinem Institut tätig gewesen sind und im Dialog mit ihm ihren Ort in der Wissenschaft gefunden haben. Einer breiten interessierten Öffentlichkeit hat er über seine zahlreichen theologischen Werke die grundlegenden Themen des Christseins erschlossen und damit vielen Menschen seiner Generation – und darüber hinaus – die Chance eines zeitgemäßen Glaubens eröffnet. Zwischen beiden Gruppen angesiedelt sind all jene, die ihn in ihren Studienjahren als Hochschullehrer erlebten und denen er nicht selten den Weg in eine spätere pastorale Aufgabe gewiesen hat. Hinzu kommen Fachkolleginnen und -kollegen Küngs, die mit ihm in unterschiedlichen Bezügen im Austausch standen.

Im Gedenken an Hans Küng hatte sich am Nachmittag des 15. Oktober 2021 im Caritas-Pirckheimer-Haus (CPH) Nürnberg eine Reihe von Theologen und Kirchenleuten versammelt, die alle aus dem Bereich des Erzbistums Bamberg stammen oder dort eine Zeit ansässig waren und die so oder so bei Hans Küng „in die Schule gegangen" sind: die meisten von ihnen eine kurze oder längere Zeit realiter in Tübingen.

Dieser Band versammelt die Beiträge: neben theologischen Schlaglichtern auch Zeugnisse prägender persönlicher Begegnungen. Dokumentiert wird auch der abschließende abendliche Gedenkgottesdienst in der Kirche „Unsere Liebe Frau" in Nürnberg.

Die Aufnahme dieser Publikation in die Reihe „edition cph" dokumentiert die Verbundenheit mit Denken und Wirken Hans Küngs. Mehrfach war Hans Küng als Referent zu Gast in der Akademie, die zudem 2011/2012 mit zahlreichen Kooperationspartnern im Rahmen der Initiative „Weltethos vor Ort" dieses wegweisende Projekt in gesellschaftliche, politische und religiöse Kontexte einer Großstadt übersetzte.

„Wo der Geist wirkt, da ist Freiheit" – dieser Satz des Apostels Paulus aus dem Zweiten Korintherbrief (2 Kor 3,17) gibt dem vorliegenden Band seinen Titel. Der Ausspruch des Völkerapostels bringt ins Wort, was Hans Küng in seinem Denken und Handeln prägte – und was zugleich als sein Vermächtnis für künftige Generationen gelten kann: Sich der Freiheit des Geistes zu öffnen und sich immer wieder neu davon inspirieren zu lassen.

Die Herausgeber

Claudio Ettl
Bernd Elmar Koziel
Hans-Peter Weigel (Hg.)

„Wo der Geist wirkt, da ist Freiheit"

Claudio Ettl
Bernd Elmar Koziel
Hans-Peter Weigel (Hg.)

„Wo der Geist wirkt, da ist Freiheit"

Zum Gedenken an Hans Küng

echter   edition cph

Bibliografische Information der Deutschen Bibliothek

Die Deutsche Nationalbibliothek verzeichnet diese
Publikation in der Deutschen Nationalbibliografie;
detaillierte bibliografische Daten sind im Internet
über <http://dnb.d-nb.de> abrufbar.

Der Umwelt zuliebe verzichten wir
bei diesem Buch auf Folienverpackung.

© 2022 Echter Verlag, Würzburg
www.echter.de

Gestaltung: wunderlichundweigand
Covermotiv: © 2010, KNA. Alle rechte vorbehalten
Druck und Bindung: Pressel, Remshalden

ISBN 978-3-429-05789-3

Hauptbeiträge

Wolfgang Beinert

Prophet

Das Professorium der Katholisch-Theologischen Fakultät Tübingen war in den späten Sechzigerjahren des 20. Jahrhunderts eine Versammlung illustrer Namen. Für die Studierenden aber waren die absoluten Stars die beiden „dogmatic brothers" Hans Küng (an der Fakultät seit 1960, zunächst als Fundamentaltheologe) und Joseph Ratzinger (seit 1966 Professor in Tübingen). Die größten Hörsäle reichten gerade aus (manchmal auch nicht), um den Hörerinnen- und Hörerscharen Platz zu bieten, darunter zahlreichen Nicht-theologen, ja Nichtstudenten. Die beiden hatten vieles gemeinsam, was in diesen unruhigen Jahren der unmittelbaren Nachkonzilszeit hilfreich, ermutigend, manchmal auch trostreich wirkte. Beide zeigten sich als hoch kenntnisreiche Fachleute, begabt mit anziehender Rhetorik, jung, dynamisch, offenen Geistes, hinreichend vernetzt, im besten Sinn Erneuerer der guten Tradition der alten Tübinger Katholischen Schule des 19. Jahrhunderts, auch persönlich freundschaftlich verbunden. Dass es zu dieser einzigartigen Symbiose gekommen war, ist Küng zuzuschreiben. Gewichtige Fakultätsmitglie-

Wolfgang Beinert ist gebürtiger Schlesier; die Theologie studierte er – wie Hans Küng – am Germanicum in Rom, wo er 1959 die Priesterweihe empfing. Priester des Erzbistums Bamberg, ein gutes Jahr lang Kaplan in Herz-Jesu hier in Nürnberg. Promotion in Rom, Habilitation in Regensburg, dort von 1978 bis 1998 Professor für Katholische Dogmatik. Seitdem ist er auch quasi Dorfpfarrer von Pentling bei Regensburg – und eines seiner Pfarrkinder war jahrelang Joseph Ratzinger. Der folgende Beitrag erschien zuerst in den Stimmen der Zeit, Heft 6/2021, S. 435–441. Abdruck mit freundlicher Genehmigung der Schriftleitung.

der trugen Bedenken, den Münsteraner Dogmatiker vom Aasee an den Neckar zu berufen. Küng hingegen wollte gerade ihn als Ergänzung zu seinem eigenen Denken.

Schon nach wenigen Jahren trat eine Entfremdung zwischen beiden ein, die bald zum Bruch führte. Verursacht war sie von den katalysatorischen Ereignissen des Schicksalsjahres 1968: im kirchlichen Bereich die gerade in Tübingen heftig bemerkliche Studentenrevolution sowie die Publikation von Humanae vitae, der Enzyklika Pauls VI. über die Empfängnisregelung. Rasch zeigte sich, dass der Schweizer und der Oberbayer grundverschiedene Personen waren, verschieden nach Ansatz wie nach Intentionen. Sollte man den Gegensatz kurz umreißen, könnte man wohl – im ganzen Wissen um die Problematik eines solchen Unterfangens – formulieren: Von den drei traditionell dem Christenmenschen und besonders den klerikalen zugeschriebenen „Ämtern Christi" verkörperte Joseph Ratzinger den Typus des Priesters, Hans Küng jenen des Propheten. Ratzinger: hieratisch-hierarchisch, ästhetisch, liebenswürdig, ordnungsbedacht – Küng: zukunftsausgerichtet, liberal, sensibel für die Verwerfungen der Zeit, manchmal schroff gegenüber anderen, die er nicht auf Augenhöhe mit sich glaubte. Zeitlebens sind sie sich nicht mehr wirklich nahe gekommen: Zwar lud Benedikt XVI. im Jahr 2005 den ehemaligen Kollegen noch einmal nach Castel Gandolfo zu Gespräch und Abendessen ein – aber beide klammerten alle möglichen Kontroverspunkte mit Sorgfalt aus. Am Ende hat sie dann doch noch etwas eng verbunden: Beide scheiterten am System.

Rom I: Prophetenschule

Geschichte kann sehr ironisch sein. Wenn man nach dem Ort der Bewusstwerdung des prophetischen Charismas Küngs sucht, muss man ausgerechnet in jenes päpstliche Rom gehen, das sich in der Folge als sein Haupt- und Generalgegner erweisen sollte. 1948 schickte der Baseler Bischof den hochbegabten jungen Priesteramtsbewerber aus Sursee zum Studium an die Universität „Gregoriana" (Pontificia Universitas Gregoriana). Damit verbunden war die Aufnahme ins Priesterseminar „Germanicum" (Pontificum Collegium Germanicum et Hungaricum de Urbe). Beide Institutionen werden von der Gesellschaft Jesu geführt; ihren Ursprung haben sie ebenfalls beide im Werk des Ordensgründers Ignatius. Während des ersten römischen Aufenthaltes von Küng nahm die Ordensleitung einen Generationenwechsel hier wie dort vor, der sich allerdings als weit mehr als das erweisen sollte. Der neue Rektor des Kollegs (offiziell seit 1953, aber schon vorher kommissarischer Chef) war P. Franz Graf von Tattenbach SJ, ein gerade einmal 40 Jahre alter Mann. Zusammen mit dem wesentlich älteren Spiritual, dem legendären P. Wilhelm Klein SJ (1948–1962), unternahm er vorsichtig-umsichtige Schritte zu einer Anpassung des Kollegs an die sich nach dem Krieg anbahnenden gesellschaftlichen und kirchlichen Veränderungen. Parallel dazu machte auch die Universität einen Wandel durch. Die neue Professorengeneration löste sich langsam aus den Verengungen der Neuscholastik. Sie befasste sich nicht nur mit den Geistern des Mittelalters, sondern versuchte sich, ebenfalls mit großem Bedacht, auch an der Auseinandersetzung mit dem modernen philosophischen wie theologischen Denken.

Das war in den Spätjahren des Pontifikates Pius XII. nicht nur ein Wagnis, es schien vornehmlich unbegründet. Der damalige

Bamberger Weihbischof Artur Michael Landgraf (1895–1958), exzellenter Kenner der Frühscholastik, äußerte gern: „Wenn es eine Prophezeiung gäbe, dass das Weltenende kommen werde, wenn die Kirche sittlich wie theologisch auf einem Hochstand angelangt ist, dann müsste es bald so weit sein". Im Fall der Theologie war er überzeugt, dass der absolute Gipfel erreicht sei. Es herrschte, das war weithin Konsens, in der Tat Frieden und Zufriedenheit auf allen Ebenen. Freilich dauerte es nicht mehr lange, bis sich die pianische Ruhe als Gottesackerruhe herausstellte: Als in der Vorbereitung des Konzils Vorschläge für das Programm erbeten wurden, sammelten sich Tausende Voten im Vatikan, später in rund einem Dutzend Bänden veröffentlicht. Sie alle mahnten allenthalben Veränderungen, Reformen, Aufnahme ganz neuer theologischer wie pastoraler Themen in die kirchliche Debatte an.

Für die Germaniker, also auch für Hans Küng, zeigten sich die ersten Risse in der scheinbar gut verputzten Fassade der Kirche ziemlich oft, jedes Mal, wenn sie den Antimodernisteneid Pius X. (1910) ablegen mussten, also bei allen Weihen und allen akademischen Graden, die sie bekamen. In ihm war die Abschottung der Kirche vor den Zeichen der Zeit unübersehbar deutlich. Die neuen Verhältnisse in Universität und Kolleg aber hatten sie längst aufgesprengt: Man beschwor nach dem Mittagessen, was man vor dem Mittagessen in der Gregoriana als schon lange überholte Thesen serviert bekommen hatte. Küng war nicht der einzige, der den faktischen Zynismus mitbekam. Gleichzeitig mit ihm waren damals im Germanicum Theologen wie Gottfried Bachl, Gisbert Greshake, Gotthold Hasenhüttl, Peter Hünermann, Karl Lehmann, Hermann Josef Pottmeyer – um nur einige zu erwähnen, die im nachkonziliaren Deutschland wichtige Impulse für die Kirche gaben. Aber niemand hat die Situation und ihre möglichen Implikationen ähnlich scharf wie der Schweizer beobachtet.

Kampf um das Konzil

Kaum jemand hat wohl auch so sehr unter der Entwicklung gelitten, die sich seit Paul VI. mit immer größerer Klarheit abzeichnete. Das Konzil, an dem er ebenso wie Ratzinger als Experte (Peritus) teilgenommen hatte, sollte die Glaubensgemeinschaft nach Jahrhunderten der rigorosen Distanz zum Zeitgeschehen wieder dialogfähig – nicht angepasst – machen: *Aggiornamento* lautete das Kennwort, unter dem Johannes XXIII. die Kirchenversammlung 1959 angekündigt hatte. Küng nahm sehr bald wahr, dass die Kirchenleitung, angefangen bei Paul VI., kaum verhüllt den Rückwärtsgang einschaltete. Das machte ihn, der so empfindsam für die Einschlüsse des Zeitgeschehens war, der unbestechlich klar die Gefahren erkannte, welche aus der Verweigerung des Aggiornamento für die Kirche erwachsen mussten, sehr bald zum entschiedenen, mehr noch: erbitterten Gegner der römischen Kirchenpolitik.

Es konnte kaum überraschend sein, dass sich aus den Gefechten, die an verschiedenen Fronten ausbrachen (vor allem zu den Themen Empfängnisregelung, Abtreibung, Gültigkeit der anglikanischen Weihen, Frauenordination, Zölibat), die Schlacht um die päpstliche Unfehlbarkeit entwickelte. Sie wurde zum Hauptkonfliktpunkt in der Auseinandersetzung Küngs mit dem römischen Magisterium. Das Dogma von der absoluten Papstmonarchie, artikuliert im Jurisdiktionsprimat und eben der Infallibilität des römischen Bischofs, war der Höhepunkt der antimodernistischen Abschottungsmaßnahmen des 19. Jahrhunderts. Die Feinde der Kirche mussten, so argumentierte Graf Mastai-Ferretti, der spätere Pius IX., ihre Waffen strecken, wenn deren Oberhaupt sie machtvoll widerlegte, im Rücken die gewaltigen, einmütigen Scharen der Katholiken. Das war zwar, wie der Kirchenhistoriker Hubert Wolf nachweist, „invention of tradition" – niemals war der päpstliche Absolutismus so auf die Spitze getrieben worden –, aber die traditionell denkenden Kirchenleute versprachen sich davon nicht nur die epistemologische, sondern auch noch die hamartiologische Unangreifbarkeit der Institution Kirche: Im Begriff *fehlbar* schwingt nicht nur Irrtumslosigkeit, sondern auch noch Sündenfreiheit mit. Die katholische Kirche war frei von Irrtum, „frei von Schuld und Fehle" (Schiller).

Es ist tragisch, dass das von Küng erahnte Desaster der Kirche tatsächlich nicht an der Lehre, sondern an der Moral seinen Ausgang nahm. Dabei offenbaren sich auch die Zusammenhänge: Die Aufdeckung der sexualisierten Gewalt zeigte, dass die Täter weitgehend Kleriker und Ordensleute waren, also jene Personengruppen, denen fast ausschließlich die Lehre und die Ausübung der Autorität in der Kirche anvertraut war. Die beiden Komplexe bedingten sich gegenseitig. Die doktrinale wie die moralische Autorität der Kirche tendierte gegen Null. Hans Küng hat darunter außerordentlich bis zum Ende gelitten.

Rom II: Weg in die theologische Weite

Es kam, wie es kommen musste. Seine scharf durchdachten, aber auch manchmal übers Maß scharf formulierten Invektiven gegen das Erste Vatikanische Konzil und seine Konsequenzen führten im Dezember 1979 zum Entzug der Lehrerlaubnis erst durch Rom, dann durch die Deutsche Bischofskonferenz. Jetzt zeigte sich die Geschichte abermals von ihrer ironischen Seite. Das Ziel der Maßnahmen war nicht nur eine Abstrafung, sondern auch der Entzug des Echoraums für seinen theologischen Einfluss. Haargenau das Gegenteil geschah. In seiner prophetischen Weitsicht hatte der Schweizer schon in frühen Jahren erkannt, dass um ihres Auftrags wie um ihrer Wirksamkeit willen sich die Kirche heute allen Bestrebungen öffnen müsse, die im Geist des Evangeliums wirkten, unter welchem Label auch immer. Seine Dissertation über die Rechtfertigungslehre seines Landsmannes Karl Barth war eine erste bedeutungsvolle Etappe in der Realisierung dieser Einsicht. Sie verhalf ihm auch sofort zu einer außerordentlichen Bekanntheit, die später immer größere Dimensionen annehmen sollte. Seit 1963 trug sein Lehrstuhl in Tübingen die Bezeichnung „Dogmatik und Ökumenische Theologie"; ein Institut für letztere wurde im gleichen Jahr eingerichtet und ihm als Direktor anvertraut.

Die römische Disziplinierung nun erwies sich als ein Akt der Niederlegung aller akademischen Begrenzungen seines Arbeitsfeldes. Aus der Beobachtung der politischen Entwicklung wurde ihm deutlich, dass ökumenisches Denken und Handeln sich nicht auf den binnenchristlichen Bereich beschränken konnte, sondern alle Religionen einzubeziehen hatte. 1989 legte er für ein Symposion an der UNESCO ein Basispapier vor mit dem Titel „Kein Weltfriede ohne Religionsfriede". Bereits im Titel wird die Überzeugung ausgesprochen, dass die einzige moralische Instanz, welche die finale Katastrophe der Menschheit aufhalten könnte, die Religionen seien. Diese müssten so weit als möglich um dieses Zieles willen miteinander wirken. Die „Stiftung Weltethos" wurde gegründet, deren Präsident Küng bis 2013 blieb. Rom hatte ihm den Weg eröffnet, so etwas wie ein Lehrer der Welt zu werden.

Seine Tätigkeit führte Küng buchstäblich rund um den Globus. Höhepunkt seiner Vortragsarbeit war eine Rede vor der Vollversammlung der UNO (2001). Dort fasste er seine Intentionen wie folgt zusammen: „Kein Überleben unseres Globus in Frieden und Gerechtigkeit ohne ein neues Paradigma internationaler Beziehungen auf der Grundlage globaler ethischer Standards". Seine zahlreichen, gewöhnlich sehr umfangreichen Bücher wurden nahezu samt und sonders Bestseller, übersetzt in die Kultursprachen sind viele. Die bei Herder erscheinenden „Sämtlichen Werke" in 24 Bänden wurden vor Kurzem fertiggestellt. Küng avancierte zum bekanntesten Theologen des ausgehenden 20. Jahrhunderts. Wie wertgeschätzt sein Denken war, zeigten ungezählte Ehrungen und Auszeichnungen von Institutionen aus allen Kontinenten. Das Große Bundesverdienstkreuz mit Stern der Bundesrepublik Deutschland (2003) war ebenso darunter wie der „Wolfgang-Amadeus-Ehrenlehrstuhl" der Europäischen Akademie Yuste in Spanien (2004).

Zu einer leidenschaftslosen kirchlichen Würdigung, gar einer Rehabilitation ist es zu seinen Lebzeiten nie gekommen. Als Ansatz dazu wertete er selber freundliche Briefe von Papst Franziskus. Es sollte eigentlich der Kirche eine Ehre sein, Küngs tatsächliche Verdienste um sie unbefangen, wenn auch spät zu würdigen, konnte man in vielen Nachrufen lesen.

„Christ sein"

Der Titel eines der erfolgreichsten Werke Küngs, zuletzt 2016 in den „Sämtlichen Werken" aufgelegt, ist das Programm seines Lebens. Er war kein einfacher Mann; mit ihm zu leben und zu arbeiten erwies sich gelegentlich als sehr schwierig. Man kann ihn als komplizierten Charakter bezeichnen, der entwaffnend freundlich, aber auch verletzend arrogant sein konnte. Aus Prinzipienfestigkeit wurde auch einmal Starrsinn. Mancherorts sah er Gessler-Hüte, wo keine da waren, ein naher Geistesverwandter Wilhelm Tells. Man muss das nicht verschweigen, gerade um seiner Gesamtpersönlichkeit willen, die Leidenschaftlichkeit im Positiven vor allem auszeichnete. Unter den vielen Stimmen, die sich anlässlich seines Todes äußerten, sind jene zahlreich, welche seine priesterliche Existenz, seine pastorale Bereitschaft zur Hilfe in allen menschlichen Nöten, seine Empathie rühmen. Küng ein echter Christ – das ist die nüchtern-einfache Kennzeichnung seiner Persönlichkeit. Er hat wohl nie einem nach dem Mund geredet, aber vielen aus der Seele gesprochen. Ihn zeichnet eine ungewöhnliche Liebe zu seiner Kirche aus. Er hat sie nie verlassen, obwohl das manchmal nahelag und ihm auch nahegelegt wurde. Er liebte auch den Papst dieser Kirche. Der innerste Grund dafür war seine tiefe Katholizität. Christus hatte die Welt erlöst; seine Kirche sollte diese Botschaft aller Welt vermitteln. Dazu musste sie aber selber zeit-, welt- und gottesoffen zugleich sein – katholisch im ursprünglichen Verständnis eben. In der Moderne drohte sie, fürchtete Küng, dieses Ziel zu verfehlen. Er setzte seine ganze Persönlichkeit ein, um den Kompass neu zu justieren.

Wenn es Prophetenschicksal ist, hellsichtig zu sein und als blind zu gelten, dann kann man das an seiner Biografie ablesen. Hans Küng hat sehr zeitig gesehen, auf welche Untiefen und Klippen die Kirche in der Nachkonzilszeit zugesteuert ist, weil sie die in den Dokumenten des Zweiten Vatikanums angelegte Ambiguität, die „beiden Ekklesiologien" vornehmlich, die sie nebeneinander stehen lassen, nicht zugunsten des Aggiornamento aufgelöst und damit ihre eigene Gestalt vereindeutigt hat. Reformprozesse bahnen sich an, sind aber weit vom Ziel entfernt. Das Werk von Hans Küng ist mit seinem Tod noch nicht abgeschlossen. Seine Impulse sind nötiger denn je.

Ottmar Fuchs

Erinnerungen an eine wichtige Stunde in Tübingen

Anlässlich des 75. Geburtstags von Hans Küng veranstaltete die Katholisch-Theologische Fakultät der Universität Tübingen am 7. Mai 2003 eine akademische Feier, die wohl erste derartige gemeinsame Veranstaltung nach dem Entzug der Venia legendi im Jahr 1979 und der für Hans Küng unsolidarischen Trennung von der Fakultät. Als damaliger Dekan sprach ich eine Ehrung aus, an die ich heute erinnern möchte:

„Ich begrüße Sie herzlich im Namen der Katholisch-Theologischen Fakultät zu dieser akademischen Feier für unseren Kollegen Herrn Prof. Dr. Hans Küng!

Ich habe es vor einigen Tagen wieder in die Hand genommen, das erste Buch, das ich von Hans Küng gelesen habe, den ersten Band der Ökumenischen Forschungen, herausgegeben von Hans Küng und Joseph Ratzinger (was für ein Anfang und was hätte alles daraus werden können, wenn daraus etwas geworden wäre), mit dem Titel „Die Kirche". Das Kaufdatum ist eingetragen, der 17. Mai 1968, also vor über 50 Jahren. Es ist gründlich mit Un-

Ottmar Fuchs ist Priester des Erzbistums Bamberg (geweiht 1972) und war fünf Jahre lang Kaplan in St. Michael in Nürnberg. Doktorat in Würzburg, Habilitation in Bamberg. Studentenseelsorge in Erlangen, Professor für Pastoraltheologie in Bamberg, ab 1998 dann in Tübingen. Dort amtierte er vier Jahre lang auch als Dekan der Katholisch-Theologischen Fakultät – und hatte dort in einer höchst delikaten Angelegenheit mit Hans Küng zu tun.

terstreichungen in vier verschiedenen Farben durchgearbeitet. Ich kann mich gut erinnern, wie dieses Buch mich, gerade am Ende des Philosophicums, fasziniert hat. Das nächste war dann, zum 200. Geburtstag von Hegel, gekauft am 5. Mai 1970, die „Menschwerdung Gottes". Vieles, was Küng hier schreibt, ist bis heute unübertroffen, wie zum Beispiel und vor allem die Ausführungen zur Geschichtlichkeit Gottes und zur Frage „Kann Gott leiden?"

Mit dieser kleinen Erinnerung möchte ich von meiner Biografie her belegen, was Tausende von Biografien mit den Publikationen von Hans Küng erfahren haben, nämlich dass deren Lektüre sie tief und nachhaltig geprägt hat. Ich möchte einmal an diesem Ort so verwegen sein und stellvertretend für alle, die dies erfahren haben, heute, an dieser Geburtstagsfeier, Ihnen, lieber Herr Kollege Küng, als Lehrer einer immer grundlegenden und beeindruckenden Theologie sehr herzlich danken.

Ich bringe eine weitere Erfahrung, die sich auf die Jahre bezieht, die ich nun in Tübingen bin. Ob man in Indien ist oder in Südafrika, in England oder in den Vereinigten Staaten: Wenn ich, gefragt nach meinem Woher, Tübingen nenne, dann gibt es fast immer die Reaktion: „Tübingen, ah, wo also Küng ist!" Soviel zur Weltweite, die Küng unserer Fakultät verleiht, und auf die wir stolz sind, auch wenn sich manchmal die bestürzende Ambivalenz dieses Zusammenhangs einstellt: „Was, wo dieser Abtrünnige lehrt?"

Der 75. Geburtstag von Hans Küng ist nicht nur ein hervorragender Anlass, ihn in seinem unermüdlichen wissenschaftlichen Elan sowie in seiner Zivilcourage in der kirchlichen und gesellschaftlichen Öffentlichkeit mit tief empfundenem Respekt und mit Dankbarkeit zu ehren, sondern auch eine Herausforderung, uns der Frage auszusetzen, wie wir dem Vorbild von Hans Küng gerecht werden, Theologie nicht nur in wissenschaftlicher, sondern auch in explizit öffentlicher Verantwortung zu betreiben, und zwar nicht nur so, dass wir von dieser öffentlichen und politischen Bedeutsamkeit der Theologie unter uns wissen, sondern dass diese Bedeutsamkeit auch bei denen ankommt, für die sie gedacht ist:

Welche Konflikte müssen in der Öffentlichkeit ausgetragen werden, müssen dorthin gebracht werden, wo sie verdrängt bzw. wo sie gesehen und entschieden werden? Was ist zu tun, um nicht der medialen Versuchung zu erliegen, vehikelhaft nur über ganz bestimmte Konflikte interessant zu sein? Wie können die Eigenstrukturen der Medien, insofern sie in sich schon eine Message beinhalten, so genutzt und zugleich verändert werden, dass ganz bestimmte Inhalte darin nicht ersticken? Wie kann eine Spiritualität der öffentlichen Tätigkeit entwickelt werden, die scharf unterscheiden lehrt zwischen der paulinischen Kauchesis, nämlich dem eigenen Selbstruhm, und der Selbstindienstnahme für die Gerechtigkeit Gottes unter den Menschen?

Soziologische Untersuchungen machen darauf aufmerksam, dass der Relevanzverlust der Theologie nicht an ihren Inhalten liegt, die durchaus für gegenwärtige Fragen und Probleme bedeutsam, ja entscheidend sind, sondern an den sozialen und medialen Kontaktschwächen zwischen innen und außen, dergestalt, dass viele Menschen einfach nicht darauf kommen können, dass unsere Inhalte von Bedeutung sind. Der Teufelskreis ist dann perfekt: Gesteigerte Erwartungslosigkeit erschwert dann auch noch die besten Kontaktversuche. Dass wir dieses Dilemma nicht einfachhin mit der paulinischen Torheit des Evangeliums identifizieren können, das zeigt uns Hans Küng deutlich genug, der es geschafft hat, die Sperrigkeit des Evangeliums relevanz- und konfliktträchtig nach innen und nach außen so bedeutsam werden zu lassen, dass die Menschen sich zu ihr so oder so verhalten können, ja müssen.

So feiern wir heute Hans Küng nicht nur als Vorbild intensiver theologischer Lehre und innovativer theologischer und ökumenischer Forschung, sondern auch als einen brillanten Brückenbauer zwischen Theologie und kirchlicher wie gesellschaftlicher und interreligiöser Öffentlichkeit.

Meine Damen und Herren, in meinem Amt als Dekan der Katholisch-Theologischen Fakultät Tübingen, in der Beanspruchung des Lehramtes der wissenschaftlichen Theologie, danke ich Ihnen, verehrter Herr Kollege Küng, im Namen unserer Fakultät herzlich für alles, was Sie in und neben unserer Fakultät, in unserer Kirche, in der Ökumene, im Projekt Weltethos bis zum heutigen Tag als Lehrer der Katholischen Theologie geforscht und vermittelt haben. Sie haben sich um die in diesem Sinn katholische Theologie verdient gemacht. Dem schwindenden Vertrauen vieler Menschen der Kirche gegenüber haben Sie, immer erkennbar als Priester und Theologe der Kirche, das Vertrauen vieler Menschen erworben. Und ich danke Ihnen für ihr ökumenisches Vermächtnis in Ihren Publikationen und vor allem im Ökumenischen Institut, ohne das unsere Fakultät in ihrer Identität nicht mehr zu denken ist.

Ich wünsche Ihnen, lieber Herr Kollege, noch viele gesunde und schaffenskräftige Jahre und in allem Gottes Segen! – Und überhaupt: Dass unsere Fakultät noch lange und weltweit die Ehre hat, mit Ihrem Namen assoziiert zu werden!

Ich komme nochmals auf das erste Buch zurück, das ich von Hans Küng gelesen habe. Als ich es wieder aufschlug, fand ich einen Zeitungsausschnitt wohl aus dem Jahr 1968, ein Foto mit dem lehrenden Hans Küng in seinen noch etwas jüngeren Jahren. Ich schenke Ihnen dieses kleine Dokument nicht nur als Erinnerung an damals, sondern auch als Erinnerung an diese Feierstunde, in der nicht nur das Ökumenische Institut, sondern unsere Fakultät Sie als großen Lehrer Interreligiöser, Ökumenischer und Katholischer Theologie ehrt."

Das alles gilt heute wie damals. Und immerhin: Der damalige Wunsch für noch viele schaffenskräftige Jahre ist in Erfüllung gegangen!

Ich hatte Hans Küng in dieser Akademischen Feierstunde als Mitglied unserer Fakultät willkommen geheißen. Damit habe ich seinen jahrzehntelangen Ausschluss wenigstens etwas saniert. Hans Küng hatte damals Tränen in den Augen, vor Freude darüber, von seiner Fakultät in dieser Form rehabilitiert zu sein und derart wieder zu ihr zu gehören.

Georg Kraus

Hans Küng als universaler Denker

1. Meine persönliche Beziehung zu Professor Hans Küng

„Doktorvater" bei meiner Promotion

Auf meinem akademischen Weg zum Universitätsprofessor habe ich mir 1969 für die erste Stufe, nämlich für die Promotion, den damals schon weltbekannten Professor Hans Küng an der Universität Tübingen ausgesucht.

Er hat mich als „Doktorvater" bei der Ausarbeitung meiner Dissertation über „Vorherbestimmung. Traditionelle Prädestinationslehre im Licht gegenwärtiger Theologie" sehr intensiv begleitet, indem er mit mir sukzessive Kapitel für Kapitel kritisch durchbesprochen hat. Seine Theologie und seine Person lernte ich näher kennen bei den Blockseminaren für Doktorandinnen und Doktoranden, bei denen wir jeweils ein aktuelles theologisches Thema in Referaten und Diskussion behandelten.

Am Freitag, den 13. Februar 1976, konnte ich die Promotion mit „summa cum laude" abschließen und Küng hat mir dazu sein Riesenwerk „Christsein" mit einer persönlichen Widmung geschenkt, die lautete: „Menschsein durch Christsein! Für Georg Kraus zum guten Abschluss der Dissertation. Herzlich Hans Küng"

Georg Kraus studierte in Passau, Rom und München. 1967 empfing er die Priesterweihe. 1976 promovierte er in Tübingen bei Hans Küng. In Regensburg habilitierte er sich 1985 und wurde Professor für Dogmatik an der Universität Bamberg. Als Emeritus wohnt er in der Nähe von Rosenheim.

Assistent bei Professor Hans Küng

Eine vertiefte Beziehung zu Professor Küng
wuchs dann dadurch, dass ich von 1976 bis
1977 an seinem „Institut für Ökumenische
Forschung" als Assistent mitwirken konnte.
Im Institut betreute ich das umfangreiche
Projekt, die Forschungsliteratur zur Ökumene möglichst vollständig zu dokumentieren. Konkret geschah das, indem ein Team
unter meiner Leitung relevante Buch- und
Aufsatztitel alphabetisch in Zettelkästen
zum Nachschlagen sammelte.

Eine zweite Hauptaufgabe war, das neue
große Buchprojekt von Küng, nämlich
„Existiert Gott?" kritisch zu begleiten. So-
bald Küng ein Kapitel entworfen hatte, gab
er uns drei Assistenten – nämlich Hermann
Häring, Kajo Kuschel und mir – den Text zur kritischen Lektüre. Wir
trafen uns dann immer wieder frühabends – bei einem guten Imbiss
– in seinem Haus, um unsere Vorschläge von Korrekturen und Er-
gänzungen zu besprechen. Küng zeigte sich für unsere Anregungen
sehr offen. Manchmal dauerten die Diskussionen bis nach Mitter-
nacht.

Am 1. August 1977 brachte ich als persönlicher Kurier den ersten
Teil des Manuskripts (Kapitel A–E) von „Existiert Gott?" nach München in das Verlagshaus Piper. Später schenkte mir Küng persönlich
ein Exemplar von „Existiert Gott?", und zwar mit der Widmung:
„Dr. Georg Kraus, dem zuverlässigen Mitarbeiter an diesem Buch
mit herzlichem Dank. Hans Küng".

Außerdem erwähnte er mich in seinem „Dankeswort" am Schluss des Buches S. 877: „Dr. Georg Kraus hat, neben der Lektüre des Manuskriptes, die oft recht mühselige Aufgabe der Verifikation der Zitate, des Verkehrs mit den Bibliotheken und der Mitkontrolle der Bibliographie mit nicht gewöhnlichem Einsatz erfüllt."

Weiterer Kontakt

In den folgenden Jahrzehnten gab es immer wieder Symposionstreffen im Institut für Ökumenische Forschung. Regelmäßig gratulierte ich Professor Küng zu seinem Geburtstag, woraufhin er sich immer mit einer neuesten Publikation mit Widmung bedankte.

Als ich ihm am 19. März 2018 zum 90. Geburtstag gratulierte, schickte er mir eine Kopie des langen Artikels, den die Frankfurter Zeitung zu seinem Geburtstag publiziert hatte.

Zugleich gratulierte er mir handschriftlich – trotz Parkinson! – zu meinem 80. Geburtstag, mit dem Satz: „Zu Ihrem 80. Geburtstag wünsche ich Ihnen, lieber Georg Kraus, von ganzem Herzen Gottes Segen. Ihr Hans Küng".

Ferner hat er 2015 bei dem von mir mitherausgegebenen Buch „Aufbruch aus der Erstarrung. Konzilstexte vom Kirchenvolk neu kommentiert" ein Geleitwort mit auf den Weg gegeben.

2. Schlaglichter zu den Werken „Christsein" und „Existiert Gott?"

Mein heutiges Anliegen ist es, die zwei theologischen Hauptwerke von Küng in Erinnerung zu rufen, nämlich „Christsein" und „Existiert Gott?". Dazu einige Schlaglichter.

Es war ein zentrales Grundanliegen von Küng, den christlichen Glauben für die Menschen von heute zeitgemäß und verständlich darzulegen. In diesem Sinn hat er die zwei fundamentalen und sehr umfangreichen Bücher verfasst: „Christsein" mit 676 Seiten und „Existiert Gott?" mit 878 Seiten.

2.1 Christsein (München 1974; 676 S.)
Küngs Werk „Christsein" fand sofort außerordentlich viele Interessierte und wurde schnell zu einem Bestseller in der geistlichen Literatur. Sehr rasch folgte die Übersetzung in acht Sprachen (darunter auch auf Japanisch).

Hauptthemen von „Christsein"
A. Der Horizont: die Herausforderung der modernen Humanismen; die Herausforderung der Weltreligionen
B. Die Unterscheidung: das Besondere des Christentums; der wirkliche Christus
C. Das Programm: der gesellschaftliche Kontext; die Sache Gottes, die Sache des Menschen; der Konflikt; das neue Leben; Deutungen; Gemeinschaft des Glaubens
D. Praxis: die Praxis der Kirche; Menschsein und Christsein; Christsein als radikales Menschsein

Ganz neuer Grundansatz

Was an diesem Werk wohl besonders ansprach, war ein ganz neuer dogmatischer Grundansatz: Es wurde eine Christologie von unten durchgeführt. Das bedeutet: Den Ausgangspunkt bildeten nicht isolierte einzelne (Denzinger-)Glaubenssätze, sondern der biblische Befund nach den gegenwärtigen Forschungsergebnissen der wissenschaftlichen Exegese. Konkret wurde die Person Jesu Christi lebendig gemäß dem neutestamentlichen Zeugnis dargestellt: seine Botschaft, sein Verhalten, sein Geschick in Kreuz und Auferstehung, seine Deutung und Bedeutung in den Urgemeinden.

Schlussformel

„So haben wir gefragt: Warum soll man Christ sein? Man wird es nun gut verstehen, wenn wir die Antwort auf die knapp zusammenfassende Formel bringen:

In der Nachfolge Jesu Christi

kann der Mensch in der Welt von heute

wahrhaft menschlich leben, handeln, leiden und sterben:

in Glück und Unglück, Leben und Tod gehalten von Gott und hilfreich den Menschen." (S. 594)

20 Thesen zum Christsein (München 1975; 75 S.)

Um Wesentliches in seinem dicken Buch „Christsein" herauszustellen, hat Küng dann ein Büchlein herausgebracht, in dem er Schwerpunktthemen existenzieller Art ausgewählt hat. Dabei geht es um die drei Fragefelder: „Wer ist ein Christ? – Wer ist Christus? – Wer handelt christlich?"

2.2 Existiert Gott? Antwort auf die Frage der Neuzeit (München 1978; 878 S.)

Besondere persönliche Beziehung

Zu diesem außerordentlich vielthematischen und tiefgründigen Werk von Küng habe ich eine besondere persönliche Beziehung. Wie schon in der Einleitung erläutert, habe ich bei der Entstehung des Buches als Assistent von Professor Küng mitgearbeitet. Nach der Publizierung hat mir Küng ein Exemplar persönlich geschenkt – mit zwei Widmungen, die ich bereits oben in der Einleitung wörtlich zitiert habe.

Hauptkapitel

A.   Vernunft oder Glaube: Descartes und Pascal
B.   Das neue Gottesverständnis: Hegel
C.   Die Herausforderung des Atheismus: Feuerbach, Marx, Freud
D.   Nihilismus: Nietzsche
E.   Ja zur Wirklichkeit – Alternative zum Nihilismus
F.   Ja zu Gott – Alternative zum Atheismus
G.   Ja zum christlichen Gott

Küngs eigene Antwort

In vier Kapiteln erörtert er:

- Ein Nein oder Ja zu Gott ist möglich.
- Der Gottesglaube ist ein letztlich begründetes Grundvertrauen.
- Der Gottesglaube kann rational verantwortet werden.
- Der Gottesglaube ist letztlich ein Geschenk.
  (Existiert Gott?, S. 624–640)

3. „Wie ich sterben möchte"

Im dritten Band seiner Erinnerungen mit dem Titel „Erlebte Menschlichkeit" (München 2013) bringt Küng am Schluss sehr persönliche Gedanken zum Abschied vom irdischen Leben und zur Hoffnung auf ein ewiges Leben.

Das Kapitel „Am Abend des Lebens" endet mit dem Abschnitt „Wie ich sterben möchte". Für die Beerdigung wünscht er sich: „Später kann dann in der zuständigen katholischen Kirche eine frohe Dankesfeier mit dem Schlusslied ‚Nun danket alle Gott' stattfinden und die Beisetzung im Tübinger Stadtfriedhof, wo ich schon vor vielen Jahren ein Grab an der Seite von Walter und Inge Jens ausgesucht habe." (S. 652)

Für ein Abschiedsgedenken bietet Küng „Meditationstexte" an, aus denen Abschnitte vorgetragen werden können. Hier ein Auswahl-Beispiel: „Voller Dankbarkeit für ein überreich beschenktes Leben und zugleich erfüllt von tiefer Sehnsucht, unendlicher Neugierde und unerschütterlicher Hoffnung trete ich diese meine letzte Reise an: heim zu meinem Gott, der mir „alles in allem" (1 Kor 15,28) sein möge. Wenn ich nun die äußere Beziehung abbreche, dann gehe ich, so hoffe ich, nach innen in eine neue, uns verborgene Beziehung ein: Vita mutatur, non tollitur – das Leben wird verändert, nicht genommen. … Kein Enden also, erst recht kein Verenden, sondern ein Vollenden." … „Als endliche Person gehe ich so ein ins Unendliche. Gehe einen letzten, entscheidenden, ganz anderen Gang … hinein in das Innerste der Wirklichkeit. … Nicht in Begriffen ist sie zu erfassen, nur in Bildern ist sie zu umschreiben: das Herz der Welt, ihr ewiger Urgrund, Urhalt und Urziel. Des Menschen unvergängliche Heimat, aus der ich komme und in die ich gehe." (S. 653)

Johannes Rehm

Streitbarkeit und Versöhnungs-bereitschaft. Erinnerungen eines evangelischen Theologen an Hans Küng

Vor vierzig Jahren kam ich als Theologiestudent nach einem Studienanfang an den traditionell evangelisch profilierten Fakultäten Erlangen und Marburg an die damals heillos überfüllte Universität Tübingen. Im gemütlichen, aber inspirierenden Institut für Ökumenische Forschung in der Nauklerstraße fühlte ich mich von Anfang an ganz besonders wohl. Dies hing mit dem gesamten Team, welches vielfältige wegweisende Forschungsschwerpunkte bearbeitete, zusammen, aber nicht zuletzt auch mit dessen Direktor Prof. Dr. Hans Küng. Die Auseinandersetzung um seinen Missio-Entzug lag damals unmittelbar hinter ihm und er füllte mit seinen Studium-Generale-Vorlesungen mühelos die größten Hörsäle der Universität. Der Geist des hoffnungsvollen Aufbruchs durch das Zweite Vatikanum schien mir als jungem protestantischen Theologen hier in seinem Institut für Ökumenische

Johannes Rehm ist evangelischer Pfarrer und Professor für Praktische Theologie an der Universität Erlangen. 1992 hat er – ganz ökumenisch – bei Hans Küng und Jürgen Moltmann promoviert. In seiner Habilitationsschrift hat er sich mit Küngs „Weltethos" befasst. Er leitet den „Kirchlichen Dienst in der Arbeitswelt der Evangelischen Landeskirche Bayern", das Pendant zur katholischen „Betriebsseelsorge".

Forschung lebendig erfahrbar zu sein, was sich keineswegs nur darauf beschränkte, dass die Konzilsakten sozusagen als Bundeslade im Tresor des Instituts verwahrt wurden, sondern was vor allem in der Weltzugewandtheit der Arbeitsweise des Instituts seinen Ausdruck fand. Ein spezielles theologisches und kirchliches Interesse an der innerchristlichen Ökumene brachte ich selbst schon von meiner Jugend in der altbayerischen Diaspora her mit. Dieses Interesse entging Hans Küng nicht, der mir zu meiner Überraschung alsbald eine Stelle als wissenschaftliche Hilfskraft antrug und mir später in seiner unnachahmlich freundlich ermutigenden nachdrücklichen Art erklärte, dass ein junger Theologe wie ich einen wissenschaftlichen Beitrag zum Fach in Form einer Dissertation zu erbringen hätte.[1]

Als ich Hans Küng damals 1981 kennenlernte, lag bereits ein langes und erfolgreiches Professorenleben hinter ihm, denn er war schließlich schon 1960, also mit 32 Jahren und noch unhabilitiert, Professor in Tübingen geworden, weil die katholische Kirche damals bekanntlich auf ein Konzil zuging, das u. a. gerade auch die Beziehungen zu den evangelischen Kirchen theologisch neu ordnen sollte. Küng war von Anfang an für die evangelische Theologie in besonderem Maße interessant, schon deshalb, weil er in der katholischen Kaderschmiede Gregoriana in Rom ausgebildet worden war und in der theologischen Fachwelt Aufmerksamkeit erregt hatte durch eine glänzende Dissertation über Karl Barth, dem er bis zu dessen Le-

1   Vgl. Johannes Rehm, Das Abendmahl. Römisch-Katholische und Evangelisch-Lutherische Kirche im Dialog. Mit einer Einführung von Hans Küng, Gütersloh 1993; 2. Aufl. Tübingen 2000.

bensende verbunden blieb.[2] Eberhard Jüngel hielt Küngs erstes Buch „Rechtfertigung" übrigens für sein bestes, jedenfalls stellte es in der Tat eine Pionierleistung dar, welche den offiziellen ökumenischen Dialog der Kirchen in den 8oer und 9oer Jahren erst ermöglichte. Küng pflegte unmittelbar von Beginn seiner Lehrtätigkeit an vielfältige intensive fachliche und freundschaftliche Kontakte zu seinen Kollegen der Tübinger evangelisch-theologischen Fakultät, wie zunächst zu Hermann Diem und Ernst Käsemann, sowie später ein Gelehrtenleben lang besonders zu Eberhard Jüngel und Jürgen Moltmann. Wir erinnern uns: Als Berater des Bischofs von Rottenburg hatte Küng am Zweiten Vatikanum teilgenommen und war rasch zu einem Sprachrohr der damaligen progressiven Mehrheit geworden, was er ein Leben lang blieb, was ihn aber auch zunehmend in einen Gegensatz brachte zu seinen ihm ursprünglich kollegial verbundenen katholischen Kollegen Karl Rahner und Joseph Ratzinger.

Als ich selbst nun Hans Küng Anfang der 1980er Jahre kennenlernte, arbeitete er sich gerade intensiv in religionswissenschaftliche Zusammenhänge ein und pflegte den Dialog mit den Weltreligionen und ihren Anhängern als seinen neuen fachlichen Schwerpunkt. Küng war damals bereits als Konzilstheologe, Kirchenkritiker und Verfasser von theologischen Bestsellern weltbekannt, was ihn aber nicht hinderte, sich Zeit für das Gespräch mit Studenten zu nehmen, so wie ich einer war. Ich war damals vor allem an der zwischenkirchlichen Ökumene interessiert. Er bot mir an, als studentische Hilfskraft und im Arbeitskreis des Instituts mitzuarbeiten und übertrug mir bald den Problemkreis der fehlenden ökumenischen Abend-

---

2   Vgl. Hans Küng, Rechtfertigung, Einsiedeln 1957.

mahlsgemeinschaft als Thema für meine Doktorarbeit. Für meine Studienfreunde und mich traf zu: In Wort und Schrift verstand es Hans Küng, seine Zuhörer- und Leserschaft für die immer neu und immer wieder anders zu stellende Frage nach Gott und die Suche nach den Quellen des Glaubens zu interessieren und zu begeistern. Wir spürten: Diese Frage war ihm so wichtig und so zutiefst ernst, dass er, wie ich selbst mehrfach miterlebte, darüber regelmäßig mit anderen in einen inhaltlich begründeten Streit geriet. Er war ja ein klassisch in der Kunst der scholastischen Disputation ausgebildeter römisch-katholischer Theologe und ich erlebte ihn auch mit uns Studenten im Seminar diskutierend in einer Heftigkeit, dass man meinen konnte, nun müsse sich der große Tisch, um den wir in der Institutsbibliothek saßen, unter dem Gewicht der ausgetauschten Argumente biegen: These folgte Antithese und dann doch Synthese, was nicht ohne emotionale Ausbrüche auf allen Seiten abging. Hans Küng musste in seinem Leben zu seiner Überraschung lernen, dass seine eigene Diskussionsfreudigkeit nicht von allen gleichermaßen geschätzt wurde. Er konnte im Disput wortgewandt und geistesgegenwärtig, zugleich charmant und humorvoll sein, aber meist auch frech und provokativ. Seine ungewöhnliche öffentliche Wirkung lag aus meiner Sicht darin, dass er als Mensch und Persönlichkeit genauso war wie sein ökumenisches und interreligiöses Programm: streitbar und versöhnungsbereit zugleich.[3] In zahllosen Begegnungen, durch Reisen und tiefschürfende Studien war er eindrücklich bestrebt, dem Wahrheitsanspruch anderer Religionen auf den Grund zu gehen, aber er wollte schon auch aus christlicher Sicht kritische

---

3   Vgl. Hans Küng, Theologie im Aufbruch, München 1987.

Anfragen an andere Religionen stellen. Denn um die Wahrheit des Glaubens gelte es doch zu ringen, welche Frage sollte wichtiger sein? Aber gleichzeitig erblickte er in den ethischen Grundlagen der Religionen eine solide Basis für Versöhnungsbereitschaft und gemeinsames Handeln. Diese Basis nannte er Weltethos, was nicht als alles überwölbende Megaethik zu verstehen sei, sondern als ethisch begründetes gemeinsames Handeln mit dem Ziel von Frieden und Verständigung zwischen allen Menschen guten Willens.[4] Gleichzeitig blieb die Frage offen und muss im interreligiösen Dialog fortlaufend weiterbearbeitet werden, ob denn das Ethos einer Religion von ihren Glaubensgrundlagen abstrahiert werden könne. Vor allem aus evangelischer Sicht wurde immer wieder die Befürchtung geäußert, dass das Weltethos als vom Glauben losgelöste autonome Moral missverstanden werden könnte.[5] Ich selbst durfte Küng in vielen Situationen mit Vertretern anderer Konfessionen und Religionen als zutiefst um Versöhnung und das Gemeinsame bemühten Theologen erleben.[6] Für seine kirchenpolitischen Gegner in der römischen Kurie, was ich in meinem Studienjahr in Rom selbst erfuhr, war

4 Vgl. Johannes Rehm, Erziehung zum Weltethos. Projekte interreligiösen Lernens in multikulturellen Kontexten, Göttingen 2000.

5 Vgl. Johannes Rehm, Weltethos praktisch. Perspektiven für den interreligiösen Dialog, Mainz 2004; Johannes Rehm, Weltethos – Ethik – Werte in den Religionen, in: Peter Schreiner, Ursula Sieg und Volker Eisenbart (Hg.), Handbuch Interreligiöses Lernen, Gütersloh 2005, S. 206ff.

6 Auf meine Einladung hin wirkte er bei einer Tagung in der Evang. Akademie Tutzing 1995 und bereits beim Deutschen Evangelischen Kirchentag 1993 in München mit. Vgl. Hans Küng, Weltfrieden durch Religionsfrieden, in: Johannes Rehm (Hg.), Verantwortlich leben in der Weltgemeinschaft. Zur Auseinandersetzung um das „Projekt Weltethos", Gütersloh 1994, S. 15ff.

er jedoch eine jahrzehntelange publikumswirksame Anfechtung, weil er als fremdsprachengewandter Schweizer nicht nur mit der internationalen Wissenschaftsszene im Dauerdialog stand, was eher harmlos gewesen wäre, sondern gleichzeitig und ständig Pressevertretern gegenüber für ungeschminkte und zugespitzte Äußerungen zu aktuellen Fragen zu haben war.

In Tübingen in der Waldhäuserstraße über den Häusern von Altstadt und Stiftskirche mit Fernblick auf die Schwäbische Alb führte Küng selbst ein gastliches Haus und war seinen Mitarbeitern, Studenten und seinem Umfeld ein seelsorglich zugewandter, gesprächsbereiter Mitmensch und vielen ein väterlicher Freund, der gerne mit anderen lachte und sich für nahezu alles interessierte. Gespräche mit ihm waren immer ein Gewinn, denn er verfügte über enzyklopädische Kenntnisse über ein denkbar breites Themenspektrum. Gerne denke ich auch an Gottesdienste zurück, die er als bewusst katholischer Priester in selbstverständlich ökumenischer Aufgeschlossenheit gehalten hat.

Am 6. April 2021 ist Hans Küng nach einem langen erfüllten Leben im Alter von 93 Jahren gestorben. Zusammen mit meinem leider viel zu früh bereits verstorbenen Kollegen Dr. Joachim Zehner (1957–2019), zuletzt Superintendent in Potsdam, waren wir seine beiden evangelischen Doktoranden gewesen.[7] Küng war auch mein erster Chef im Arbeitsleben. Und diesbezüglich ein großes Vorbild. Ich habe nie vorher und nie nachher einen Menschen so fröhlich mit solcher Intensität arbeiten sehen. Arbeiten ist schön, wenn man es als sportliche Herausforderung annimmt – auch das durfte ich bei ihm

---

7   Vgl. Joachim Zehner, Der notwendige Dialog. Die Weltreligionen in katholischer und evangelischer Sicht, Gütersloh 1992.

erleben. Und wer arbeitet, der darf auch feiern: Die Arbeit findet im Sabbat und im Sonntag ihre Unterbrechung sowie ihre Erfüllung. Es lohnt sich unbedingt, weiterhin Küngs breites literarisches Œuvre zu lesen, zu studieren und zu diskutieren in der ihm selbst eigenen Diskursivität. Er war wirklich ein Meister der allgemeinverständlichen, aber perspektivenreichen Darstellung komplexer fachlicher Probleme. Allerdings habe ich selbst an seine Theologie die wohlmeinende Anfrage, ob er immer die spirituelle bzw. geistliche Dimension von Glaubensgemeinschaften ihrer Bedeutung entsprechend berücksichtigt und bedacht hat. Hier gälte es weiterzudenken und weiterzuforschen.

Wie möchte ich Hans Küng in Erinnerung behalten? Ich will mich an ihn erinnern als evangelischen Katholiken, der der weltweiten Christenheit von der altkirchlichen Tradition her immer verpflichtet war.[8] Und genauso möchte ich seiner als eines katholischen Protestanten gedenken, der von der heiligen Schrift her seinem Gewissen verpflichtet blieb.[9] Ich durfte bei ihm und an seinem Beispiel erleben, dass Streitbarkeit und Versöhnungsbereitschaft keine sich wechselseitig ausschließenden Gegensätze bilden, sondern wie Standbein und Spielbein nur gemeinsam Standfestigkeit und Verständigung zwischen Menschen vermitteln können. Streitbarkeit ist nicht zu verwechseln mit wichtigtuerischer Nickeligkeit, vielmehr liegt ihre Angemessenheit im Ringen um die Wahrheit des Glaubens. Versöhnungsbereitschaft ist auch nicht mit Nachgie-

---

8 Vgl. Hans Küng, Die Hoffnung bewahren, Zürich 1990, S. 22ff.
9 Vgl. Hans Küng, Dreiecksdiskussion um Bibel und Kirche, in: Michael Krug, Ruth Lödel, Johannes Rehm (Hg.), Beim Wort nehmen – die Schrift als Zentrum für kirchliches Reden und Gestalten, FS Friedrich Mildenberger, Stuttgart 2004, S. 42ff.

bigkeit oder gar Gleichgültigkeit zu verwechseln. Versöhnung setzt stets die Erfahrung der Widersprüchlichkeit von Menschen sowie die aus menschlicher Perspektive Unüberbrückbarkeit von Gott und Mensch voraus. Christen glauben Jesus Christus als den Versöhner von Gott und Mensch. Glauben bewirkt gleichermaßen Streitbarkeit und Versöhnungsbereitschaft. Das Leben und Werk von Hans Küng legt davon ein beredtes Zeugnis ab, das über seine Lebenszeit hinaus Aktualität bewahren wird.[10] An ihm selbst bewahrheitet sich jetzt die mit dem Titel eines seiner erfolgreichsten Bücher angesprochene göttliche Wirklichkeit: „Ewiges Leben".[11]

Über Hans Küngs eigene Lebenszeit hinaus aktuell und vordringlich ist nicht zuletzt die ökumenische Gemeinschaft zwischen römisch-katholischer Kirche und evangelischen Kirchen. Für Hans Küng war es schmerzlich gewesen, dass der kirchenamtliche ökumenische Dialog, den er durch seine frühen Werke erst mit ermöglicht hatte, dann in den 80er und 90er Jahren ohne seine Mitwirkung geführt wurde. Auch manche evangelischen Ökumeniker erlebte er in irritierender Weise als mehr an dem guten Einvernehmen mit der römischen Hierarchie interessiert als am Schulterschluss mit ihm als kritischem Katholiken. Schmerzlich war es für ihn, wenn er die Frage hören oder lesen musste: Ist Küng noch katholisch? Denn genau das wollte er, wie er in zahlreichen Veröffentlichungen nicht müde wurde zu entfalten, mit aller Ernsthaftigkeit seiner Ordination sowie seinem akademischen Lehramt entsprechend sein.

---

10   Vgl. Johannes Rehm, Evangelische Katholizität. Zum 80. Geburtstag von Hans Küng, in: Deutsches Pfarrerblatt 4/2008, S. 184ff.

11   Vgl. Hans Küng, Ewiges Leben?, München 1982.

Das Thema meiner Doktorarbeit, das Hans Küng mir einst auftrug, war der ökumenische Dialog über das Herrenmahl, wie er in den 80er und 90er Jahren besonders auf der bilateralen lutherisch- katholischen, sowie auf der multilateralen Ebene des Ökumenischen Rates geführt wurde. Als lutherischen Theologen interessierte mich der Gesprächsstand zu den von Martin Luther beklagten drei „Gefängnissen" des Abendmahls, nämlich Laienkelch, Gegenwart Christi und Opfercharakter des Mahls des Herrn. In allen drei von Luther in der Reformationszeit beklagten Problem- und Fragenkreisen konnte ich in den „Dokumenten wachsender Übereinstimmung" des offiziellen ökumenischen Dialogs[12] erfreulicherweise sehr weitreichende Übereinstimmungen der theologischen Überzeugungen oder in manchen kontroversen Fragen zumindest Konvergenzen zwischen den Kirchen heute feststellen. Die verbliebene Divergenz betraf weniger die Abendmahlslehre, als die Lehre vom kirchlichen Amt. Die offene Frage war doch letztlich, ob die katholische Kirche zwingend für die Gültigkeit bzw. Stiftungsgemäßheit der Mahlfeier die Ordination durch einen in apostolischer Sukzession stehenden römisch-katholischen Bischof voraussetzen müsse. Im Einverständnis mit den Betreuern meiner Dissertation Hans Küng und Jürgen Moltmann vertrat und vertrete ich weiterhin die Überzeugung, dass diese Divergenz letztlich beim Verständnis des Bischofsamts, im Sinne einer „Hierarchie der Wahrheiten" nicht theologisch grundlegend genug ist, um sich weiterhin wechselseitig vom Mahl des Herrn auszuschließen, der doch von seiner Jüngerschaft wollte, „dass sie alle

---

12   Vgl. Harding Meyer, Hans Jörg Urban, Lukas Vischer (Hg.), Dokumente wachsender Übereinstimmung, Paderborn 1983.

eins seien" (Joh 17,21).[13] Die Schubladisierung der Ergebnisse des inhaltlich sehr erfolgreichen ökumenischen Dialogs verursachte nicht nur für das ökumenische Miteinander der Kirchen, sondern auch für das geistliche Wachstum der Christenheit m.E. einen nachhaltig schweren Schaden durch unnötige Frustration. Inzwischen hat das Interesse an theologischen Fragen in beiden Kirchen leider stark abgenommen und die Entkirchlichung weiter Kreise unserer Gesellschaft dafür umso stärker zugenommen. In der heute aus mancherlei Gründen sehr schwierig gewordenen Lage der beiden großen Kirchen kann die Haltung von Standfestigkeit und Dialog- bzw. Versöhnungsbereitschaft, die man bei Hans Küng lernen konnte, überaus hilfreich sein.[14] Standfestigkeit vermag letztlich nur das gemeinsame Bekenntnis zu Jesus Christus zu verleihen. Dialogbereitschaft ist angesagt und möglich bei dem immer zeitgebundenen Ausdruck kirchlicher Lehrformulierungen, wenn denn Folgendes klar ist:

„Ökumenische Grundlage aller christlichen Kirchen ist das biblische Bekenntnis zu Jesus als dem Christus – dem Maßgebenden für die Beziehungen des Menschen zu Gott und zu seinen Mitmenschen. Dieses Bekenntnis muss in jede neue Zeit hinein neu übersetzt werden." (Hans Küng, These 15 seiner 20 Thesen zum Christsein aus dem Jahr 1975)[15]

---

13   Vgl. Johannes Rehm, Eintritt frei! Plädoyer für das ökumenische Abendmahl, Düsseldorf 2002.
14   Vgl. Johannes Rehm, Ökumenisches Lernen im 21. Jahrhundert. Eine Herausforderung für Gemeindepädagogik und kirchliche Erwachsenenbildung, in: Uta Pohl-Patalong, Religiöse Bildung im Plural. Konzeptionen und Perspektiven, Hamburg 2003, S. 171ff.
15   Hans Küng, 20 Thesen zum Christsein, München 1975, S. 7.

Bernd Elmar Koziel

Hans Küng als Religionstheologe

(1) Ich weiß nicht, ob es diesen Ausdruck schon damals gegeben hat. In heutigen Begriffen würde man über die Jahre nach 1979 sagen: „Hans Küng hat sich neu erfunden." Der Entzug der Lehrerlaubnis war ja ein Abgang auf offener Bühne und es war überhaupt nicht klar, ob einen, der auf diese Weise abtrat und abtreten musste, nicht irgendwann eher der „soziale Tod" ereilen würde, als dass gerade daraus nochmals ein bemerkenswerter Neuanfang erwachsen würde. Doch Hans Küng gelang eine zweifache, genaugenommen sogar spektakuläre Horizonterweiterung: Mit dem Verlust des Lehrstuhls an der katholisch-theologischen Fakultät trat er von der Bühne seiner angestammten Fachdisziplin und ihren thematischen Notwendigkeiten – die Traktat-Erfordernisse dogmatischer Theologie – ab und kehrte, bisherige, zumal ökumenische Interessen gewiss auch weiterführend, prominent als christlicher Religionstheologe zurück.[1] Zugleich

Bernd Elmar Koziel leitet die diözesanen Bildungshäuser in Vierzehnheiligen und die Stabsstelle Ökumene, interreligiöser Dialog, Theologie und Hochschulen im Erzbischöflichen Ordinariat Bamberg, ist außerplanmäßiger Professor an der Universität Würzburg und ordentlicher Domkapitular in Bamberg. 1992 wurde er zum Priester geweiht, eine Zeitlang war er Kaplan in Allerheiligen in Nürnberg. Promotion und Habilitation in Innsbruck; seine Schwerpunkte sind u.a. Ökumenische Theologie und Religionswissenschaften.

---

[1] Küngs Bemühen um eine innerchristliche Ökumene – von Anfang an lokalisiert in seiner Professur für Dogmatik und ökumenische Theologie (1963–1980) sowie der Leitung des

eröffneten sich ihm dadurch die Türen zum größeren Kosmos der Religionen, aber sogar der Weg auf die Weltbühne, wo er nun regelmäßig mit den großen Vertretern (so lässt sich hier sprechen, da es sich ja tatsächlich zumeist um Männer handelte) der Weltreligionen zusammenkam, aber auch immer wieder mit den Großen aus Politik und Wirtschaft konferierte.

Doch handelt es sich, und das steigert die Bedeutung, nicht nur um einen persönlich-biografischen Neubeginn. Hans Küng wurde mit seiner Hinwendung zur Religionstheologie – seine Beschäftigung damit hatte unterdessen immer mehr seiner Schaffenskraft beansprucht – vor allem zum großen Kommunikator und, wenn man so sagen will, Protagonisten eines auch theologisch höchst bedeutsamen Anliegens: Das Zweite Vatikanische Konzil hatte sich zu diesem „Dialog der Religionen" bekannt. Namentlich mit der Erklärung „Nostra Aetate" über die nichtchristlichen Weltreligionen hatte sich erstmalig ein Konzilsdokument ausführlich und dabei positiv mit eben jenen Religionen auseinandergesetzt. Die dortigen Worte überraschen auch heute noch: über die Zurückweisung der feindlichen Anmutungen früherer Zeiten hinaus tritt in diesem Text sogar das konkurrenzielle Verständnis für einen Moment zurück hinter der Betonung basaler Gemeinsamkeiten.

„Instituts für Ökumenische Forschung an der Universität Tübingen" – weitete gewissermaßen die Perspektive hin zu einer Ökumene der Religionen. Von 1980–1996 war er (ohne Fakultätsanbindung) ordentlicher Professor für ökumenische Theologie; die Leitung des Instituts blieb unangetastet. Vgl. dazu https://uni-tuebingen.de/fakultaeten/katholisch-theologische-fakultaet/ lehrstuehle/institut-fuer-oekumenische-und-interreligioese-forschung/ institut/emeriti/prof-dr-dr-hc-mult-hans-kueng/ (Stand 08.05.2022).

An Einzelformulierungen wie auch der Genese dieses Dokuments sichtbar, litt aber schon die konziliare Beschäftigung an der bis dato nur begrenzten eigenen Kenntnis der diversen nichtchristlichen Traditionen. Und auch für die Nachkonzilszeit wird man zunächst nicht behaupten wollen, dass sich daran schon viel geändert hätte. Im Gegenteil war die Befassung mit der Religionenwelt für manche schnell wieder nachrangig geworden, für rechtskonservative Kreise (zusammen mit der Ökumene der Konfessionen) sogar anstößig. Allein der jüdisch-christliche Dialog hatte innerkirchlich hohe Akzeptanzwerte gefunden. In dieser Situation war es gerade auch Küngs persönliche Neuorientierung, die zugleich kirchlicher- und theologischerseits sukzessive der Einsicht den Boden bereitete, dass die Wahrnehmung und Kenntnis anderer Religionen und eben auch die Bereitschaft zum Gespräch mit ihnen – ganz wie es das Konzil meinte – auch um der Würdigung der eigenen christlichen bzw. jüdisch-christlichen Offenbarung willen unverzichtbar sei. Es waren eben nicht zuletzt Küngs Publikationen zum Thema, die viele im Publikum für diese Sicht aufgeschlossen machten und ebenso zahlreiche weitere Forschungen mittelbar oder auch unmittelbar beflügelten.

Darüber hinaus standen seine Äußerungen – und so wurden sie vor allem auch in religionspolitischer Hinsicht rezipiert – immer auch unter dem Vorzeichen, dass sich nur auf dem Weg des respektvollen Miteinanders wie auch des inhaltlichen Dialogs zugleich der Weltfrieden bewahren und sichern lasse. Denn „[…] kein Frieden unter den Nationen ohne Frieden unter den Religionen; kein Frieden unter den Religionen ohne Dialog unter den

Religionen."[2] Keiner hat das – und damit eben überhaupt die Uner-
lässlichkeit einer Beschäftigung mit den anderen Religionen – der
binnenkirchlichen wie auch der Weltöffentlichkeit so eingeschärft
wie Küng: insofern ist seine Neuorientierung (seine, wie wir sag-
ten, Neuerfindung), die im Jahrzehnt nach 1979 anhebt und die ihn
nach mehreren anderen[3] weiterführenden Projekten („Es sind al-
lesamt Pilotprojekte.", notiert er in seiner Autobiografie[4]) schließlich zum Religionenthema bringt,[5] wahrlich ein Segen geworden.

---

2   Hans Küng, Projekt Weltethos, München (1990) Neuausgabe 1992, 171. Vgl.
    ders., Erlebte Menschlichkeit. Erinnerungen, München (2013) Taschenbuchaus-
    gabe 2015, 203f.

3   Freilich führt jedenfalls das Paradigmenprojekt, das in Küng, Erlebte Mensch-
    lichkeit, 120 als „Pilotprojekt I" gelistet ist, unmittelbar in die Religionenthe-
    matik hinein. Von Küng genannt werden insgesamt fünf solcher Pilotprojekte,
    bevor dann die intensive Beschäftigung mit der Religionenwelt in den Vorder-
    grund tritt.

4   Küng, Erlebte Menschlichkeit, 120.

5   In gewisser Weise als Kristallisationskeim erscheint im Nachhinein der bereits
    in den 1980er Jahren ventilierte Gedanke einer publikumswirksamen Einfüh-
    rung in das „Reich der Religionen" (Küng, Erlebte Menschlichkeit, 191). Er war
    schließlich ab 1993 (s. 192) in die Phase seiner Realisierung eingetreten: dabei
    handelt es sich um jene filmische bzw. im Ergebnis crossmediale Darstellung
    der Weltreligionen, hier von „sieben verschiedenen Religionen" (193), die dann
    unter dem Titel „Spurensuche" bekannt wurde (für die Buchpublikation: Spu-
    rensuche. Die Weltreligionen auf dem Weg (1999) [4]2000). Nicht zuletzt dazu
    war ein umfänglicher Prozess des Verstehens (Erlebte Menschlichkeit, 191) die-
    ser fremdreligiösen Traditionen Voraussetzung: Küng verfolgte ihn bereits seit
    1982 (im Blick auf das Judentum auch schon vorher: s. unten), zunächst in Form
    von Dialogvorlesungen mit Fachgelehrten" (191, s. 197) aus den anderen Religi-
    onen bzw. aus dem Bereich der Religionswissenschaft (197f). Küngs Resümee
    – und Ausblick – über Basis und Relevanz dieser Werkphase (197): „Inzwischen
    war ich im großen Stil in die Thematik Christentum und Weltreligionen einge-

Es sollte sich als prägend erweisen für seine letzten drei bzw. vier Lebensjahrzehnte.

(2) Werkgenetisch ordnet sich die Beschäftigung mit den Religionen der Welt – laut einer Auskunft, die Küng selber gibt – einer doppelten Auseinandersetzung zu, in der er den um seine Glaubwürdigkeit ringenden christlichen Glauben grundsätzlich sieht: nämlich „mit den ‚säkularen' Humanismen einerseits, mit den großen Weltreligionen andererseits".[6] Und wenn Küng notiert, dass er damit auch das Religionenthema schon „des längeren"[7] so im Blick hat, dann ist das fraglos richtig: bereits etwa in „Existiert Gott?" (1978) hatte Küng den „nichtchristlichen Religionen" einige Überlegungen gewidmet:[8] freilich Überlegungen, die dort noch mit der eindeutigen Kapitelsüberschrift versehen waren: „Ja zum christlichen Gott".[9] Sollte sich das nun geändert haben?

Um es gleich vorwegzunehmen: Nein, Hans Küng wendet sich den anderen Religionen – und konkret denen, die er in seinen Studien selbst näher untersucht – keineswegs unter einer relativistischen Perspektive zu, die das Eigene, das genuin Christliche, zu würdi-

---

stiegen. Diese hatte sich für mich schon mit dem Zweiten Vatikanischen Konzil und jenem wissenschaftlichen Symposion in Bombay 1964 eröffnet und dann eine Entfaltung gefunden in den Büchern ‚Christ sein' (1974: Die Herausforderung der Weltreligionen) und ‚Existiert Gott?' (1978: Der Gott der nichtchristlichen Religionen)."

6 Hans Küng, Umstrittene Wahrheit. Erinnerungen, München (2007) Taschenbuchausgabe (2009), ³2014, 248.
7 Küng, Umstrittene Wahrheit, 248.
8 Hans Küng, Existiert Gott? Antwort auf die Gottesfrage der Neuzeit, München (1978) Taschenbuchausgabe München (1981) ⁶1991, 642–670.
9 Küng, Existiert Gott?, 641.

gen verlernt hätte.[10] Er bezieht auch nicht etwa die Position eines wertneutralen Beobachters, als ob man erst von seinen christlichen Wurzeln Abstand zu nehmen hätte, um ins Gespräch mit anderen einzutreten. Im Grunde ist sogar das Gegenteil der Fall. An einer markanten Stelle seiner Überlegungen zum „Weltethos", zu dem wir gleich noch kommen, skizziert er die „Tugend" der „Standfestigkeit" und bezeichnet sie als die Voraussetzung und das Charakteristikum einer echten „Dialogfähigkeit".[11] Standfestigkeit ist der Gegensatz zu Standpunktlosigkeit. Wer ohne eigene Wurzeln und ohne den von ihnen ermöglichten Wurzelgrund in Dialoge eintreten möchte, wird im wörtlichen Sinn grundlos: man wird dann weder dem anderen authentisch begegnen können – denn was könnte abseits einer über sich selbst klaren Identität „authentisch" heißen? – noch von den anderen überhaupt ernst genommen werden. Aber natürlich kann das allein für jene tiefe Begegnung und jenes Miteinander der Religionen nicht ausreichen: Darum die Rede von der „Dialogfähigkeit" als dem anderen Pol zur Standfestigkeit: Nur wer seine Identität nicht wie eine Waffe vor sich herträgt, nur wer auch einen Blick auf die Begrenzungen – gewiss beiderseits der Grenzlinie – hat, wird eine echte Begegnung zuwege bringen.

(3) Das Fremde und das Eigene; Differenz und Identität; der Gedanke einer Offenbarung Gottes auch in die Welt der anderen Religionen

---

10 Vgl. dazu Küng, Erlebte Menschlichkeit, 201–203 in Replik auf die Pluralistische Religionstheologie John Hicks.

11 Küng, Projekt Weltethos, München, 123–135. S. auch ders., Erlebte Menschlichkeit, 201–203. Zum Thema s. auch die Erwägungen von Johannes Rehm in diesem Band.

hinein, aber eben zugleich die Ahnung, dass diese mitunter fremde Welt nicht nur fremde Anteile hat, sondern gewiss auch Anteile, die man im Namen des Gottes, der sich uns in Jesus Christus bekanntgemacht hat, nicht einfach gutheißen könnte: diese in irdischer Perspektive wohl unauflösbar polare Zusammenschau lässt sich für Küng immerhin aber ein ganzes Stück weit vermitteln.[12] Behilflich sind ihm dabei zwei Einsichten, zu denen er im Verlauf gerade seiner ungefähren zweiten Lebenshälfte, also eben der Zeit nach 1979 gefunden hatte. Die eine Einsicht nimmt auch die systematisch-lehrhafte Seite, die andere speziell die ethische Seite in den Blick.

Das erste ist das Paradigmen-Modell, mit dem Thomas S. Kuhn den Fortgang der Wissenschaften – nämlich über sogenannte Paradigmenwechsel – zu beschreiben sucht.[13] Küng hatte dieses an sich schon bahnbrechende Werk Anfang der 80er Jahre für sich rezipiert und, das war jetzt seine durchaus geniale Intuition (der hier nicht näher nachgegangen werden kann), für die jeweilige Religion als solche – auch für das Christentum – angewandt:[14] Jede real existie-

---

12 Das heißt nicht, dass man Küngs einschlägige Hinweise in allem als konsistent und zielführend betrachten wird: Gegenüber seiner Absetzung von Formen eines christlichen Inklusivismus (Küng, Projekt Weltethos, 107f) stellt sich die Frage, inwieweit Küngs eigene Gedanken tatsächlich eine Alternative dazu zu beschreiben vermögen. Insbesondere scheint sein kriteriologischer Rückzug aufs „Humanum" (114–117, s. 118–122) letztlich nicht schlüssig durchführbar.

13 Vgl. dazu die Bemerkungen bei Küng, Erlebte Menschlichkeit, 120–130; s. die Übersicht bei dems., Projekt Weltethos, 154–158.

14 Vgl. Hans Küng, Das Judentum (Die religiöse Situation der Zeit), München (1991) Taschenbuchausgabe (1999) ²2001; ders. Das Christentum. Die religiöse Situation der Zeit, München (1994) Taschenbuchausgabe (1999) ²2003; ders., Der Islam. Geschichte, Gegenwart, Zukunft, München (2004) Taschen-

rende Religion zerfällt bei näherer Betrachtung diachron, aber eben zum Teil auch synchron in eine Abfolge von mehreren „Paradigmen". Was sollte nun die auf dem Weg einer solchen Beschreibung gelingende präzisere Bestimmung einer jeweiligen Religion in sich austragen für den Religionendialog und für das sich dabei stellende Problem, wie sich das Fremde und das Eigene, Differenz und Identität, christliche Dialogoffenheit und christlicher Wahrheitsanspruch zusammendenken lassen?

Die Antwort ist: Das angewandte Paradigmen-Modell zeigt die innere Pluralität einer jeweiligen Religion in sich, und zwar in diesem Fall auch und gerade, was die lehrhaft-dogmatische Dimension dieser Religion betrifft. So eröffnet sich ein vertieftes Verständnis zugleich für jene inhaltlichen Gemeinsamkeiten, die sich zwischen den konkreten Religionen – oder, wenn man so will, auch quer zu ihnen – ergeben:[15] eine christliche Perspektive sieht darin jeweilige Systemstellen, an denen sich das Eigene,[16] also der uns in Jesus Christus begegnende Gott, ein Stück weit religionsübergreifend bezeugt.[17]

Das zweite Moment, auf das hier hinzuweisen ist, betrifft eben jenes „Projekt Weltethos",[18] für das Küng in seiner zweiten

---

buchausgabe 2006. Dazu und im Blick auf die übrigen Weltreligionen vgl. auch die Hinweise bei Küng, Spurensuche.

15   Vgl. Küng, Projekt Weltethos, 160f.

16   Vgl. aber andererseits schon oben zu Küngs Absage an die „Umarmungsstrategie" des christlichen Inklusivismus: Projekt Weltethos, 107f (Zit. 107).

17   Ein weiterer analytischer Begriff, den Küng zur Anwendung bringt, ist der der „Stromsysteme" (vgl. etwa Küng, Projekt Weltethos, 158–161; ders., Erlebte Menschlichkeit, 201): er ermöglicht eine Zusammenschau mehrerer genetisch verbundener Religionen in Abhebung von anderen.

18   Küng, Projekt Weltethos, s. auch ders. (Hg.), Dokumentation zum Weltethos,

Lebenshälfte so bekannt wurde und höchste Anerkennung erfuhr und dem er seither einen großen Teil seines Engagements widmete. Dieses Projekt, das zu einer späten Herzensangelegenheit seines Lebens wurde, betreibt mehr als die Diskussion theologischer Quisquilien als solcher, hat es doch eine eminent welt- und (wie wir inzwischen sehen) auch gesellschaftspolitische Auswirkung: Wir denken an die bereits erwähnte Maxime „[…] kein Frieden unter den Nationen ohne Frieden unter den Religionen."

Für den Zusammenhang, auf den ich gerade hinauswill, gilt es aber erneut Folgendes festzuhalten: Auch dieses Konzept ist den Intentionen Küngs nach alles andere als das, was man ihm mitunter vorgeworfen hatte, nämlich als ein Ausverkauf des Christlichen.[19] Es ist vielmehr die aus den heiligen Texten und Praktiken der Religionen her begründete (und insoweit gleichsam empirische) Feststellung, dass es zwischen den großen Religionen, ja sogar allgemeiner – weil man auch säkulare Orientierungen mit dazu nehmen darf[20] –

München 2002. Zum Ganzen Küng, Erlebte Menschlichkeit, 442–508.

19 Vgl. im Gegenzug Hans Küng/Angela Rinn-Maurer, Weltethos christlich verstanden: Positionen, Erfahrungen, Impulse, Freiburg u.a. 2005.

20 Vgl. Küng, Projekt Weltethos, 58–62 sowie auch den Internetauftritt der „Stiftung Weltethos", der die Konvergenz religioneller und philosophischer Ethiken am Beispiel der „Goldenen Regel" thematisiert: https://www.weltethos-praktisch.de/ausstellungstafeln.html (Stand 08.05.2022), hier Tafel 11. Weiterführend Hans-Martin Schönherr-Mann, Miteinander leben lernen: Die Philosophie und der Kampf der Kulturen. Mit einem Essay von Hans Küng, München 2008. S. auch die insoweit inhaltlich parallele Intuition der „Achsenzeit"-These von Karl Jaspers, dazu Koziel, Karl Jaspers' Konzept der „Achsenzeit". Aspekte einer religionsphilosophisch-theologischen Wiedergewinnung, in: ders., Achsenzeit, Apokalyptik, Gnade. Hermeneutische Beiträge zur Theologie, Würzburg 2015, 41–75.

zwischen den großen Weltanschauungen einen Grundkonsens (hier nun:) ethischer Weisungen gibt. Mit anderen Worten wird auch die Ethik, gewiss in ihren grundlegendsten Maximen, zu einem Feld, das sich mit Fug und Recht verstehen lässt als Aus- und Ansprache letztlich jenes Gottes, der uns in Jesus Christus begegnete.

(4) So wurde Küngs religionstheologische Arbeit zu einem authentischen Ausdruck dessen, was „Nostra Aetate" meinte und wollte: abseits jedes Relativismus das Eigene wie eben (auf dieser Basis) auch das Fremde genuin theologisch zu würdigen. Küng selbst räumt seinen diesbezüglichen Forschungen im dritten Band seines autobiografischen Rückblicks jenes umfängliche Gewicht ein, das, wie gesagt, die letzte Periode seiner theologischen Arbeit[21] so deutlich kennzeichnet und prägt. Dabei lässt sich schwerlich entscheiden,[22] welche seiner beiden hier zu registrierenden Schwerpunktsetzungen eine größere innertheologische Wirkung entfaltet hat:

---

21 Küngs Bemühungen gründen hier ebenso auf eigenen Forschungen wie dem Zusammenspiel mit den an seinem Lehrstuhl bzw. dem Institut für Ökumenische Forschung (später dann auch der Stiftung Weltethos) angesiedelten Mitarbeiterinnen und Mitarbeitern. Eingeflossen sind zudem die Erkenntnisse, die er aus den von ihm initiierten Dialogen mit Fachleuten, den mannigfachen Gesprächen mit den Mitgliedern und Führern anderer Religionen und Weltanschauungen und zudem (so für den Bereich Weltethos) auch den Begegnungen mit interessierten Größen aus Politik und Wirtschaft gewann.

22 In Küng, Erlebte Menschlichkeit, sind dem Islam (209–255), dem Judentum (256–299), der „Welt der Ozeanier, Afrikaner und Indios" (300–354), der „Welt der Religionen Indiens" (355–402), der „Welt der Religionen Chinas" (403–441) – und, also davon klar unterschieden, dem „Projekt Weltethos: ein Ethos für die Menschheit" (442–508) je eigene Kapitel gewidmet.

Einerseits also der mit Verve betriebene Versuch einer Sichtung, Beschreibung und (nicht zuletzt: paradigmentheoretischen) Reflexion der jeweiligen Religionen als Gesamtheit von weltanschaulichen Überzeugungen, rituellen Praktiken, ethischen Handlungsmaximen und deren gelebter Umsetzung: zweifellos eine gewaltige Wahrnehmungs-, Verstehens- und Interpretationaufgabe,[23] die für einen (bleibend[24]) christlich verwurzelten Theologen immer auch das Problem der Relation der jeweiligen Religionen zum Christentum aufwirft und dabei auch in Fragenkreise führt, die die besonderen christlichen Interessenslagen widerspiegeln. Oder andererseits der angesichts all dessen gewissermaßen isolierte Blick nun allein auf den gemeinsamen Grundbestand der ethischen Weisungen der Weltreligionen: das ist die unter dem Stichwort Weltethos bekannt gewordene Perspektive mit ihrer erklärt weltgesellschaftlichen Ausrichtung und dialogpraktisch der Notwendigkeit, multireligionelle Dialoge zu initiieren bzw. viele Partner an einen Tisch zu bringen.

Wenn man also Küng ob dieser letzten Schaffensphase als einen Vorreiter einer christlichen Wahrnehmung anderer Religionen und ihrer religionstheologischen Würdigung bezeichnen darf: Welche der beiden skizzierten Aufgabenstellungen erwies sich binnenchristlich als produktiver und nachhaltiger (eine Frage, die hier einmal alle zweifellos zu konstatierenden Verdienste des Weltethos-Projekts um das globale menschheitliche Zusammenleben

---

23 Küng strebt hier nicht nach einer Vermehrung von Detailforschungen zu den einzelnen Religionen, sondern erklärtermaßen nach „Orientierungswissen" und der Gewinnung einer Art „geistigen Landkarte" (Küng, Erlebte Menschlichkeit, 201).

24 Vgl. Küng, Erlebte Menschlichkeit, 200f.

beiseitelassen darf)? Man wird vermuten: Die öffentlichkeits- und medienwirksame Insistenz auf dem Weltethos-Projekt schärfte christlicher Theologie und Kirche namentlich das Bewusstsein für die politisch-sozialen Implikationen der Existenz jeder, und auch der christlich-kirchlichen, Religion ein. Mit der Konsequenz: praktizierte dialogale Beziehungen sind unerlässlich, um die gemeinsame Menschheitsaufgabe zu bewältigen, an der eben auch die Religionen, das Christentum wiederum eingeschlossen, partizipieren.[25] Demgegenüber führte die im Vergleich dazu gewiss weniger publikumsträchtige Erkundung und Auslegung der Religionen als jeweiliger geschichtlich gewordener, in sich differenzierter[26] Gesamtheiten Theologie und Kirche vor Augen, was der umfassendere Blick meinte, den „Nostra Aetate" zumal in seinen ersten beiden Kapiteln, welche grundlegende gemeinsame Intuitionen der Religionen abschritten, eingenommen hatte – oder was die dortige Rede vom (aus christlicher Warte zu würdigenden) „Wahren und Heiligen" anderer Traditionen[27] bedeuten konnte. Hier füllte Küngs Arbeit mit Leben, was Theologie und Kirche weder zu Zeiten jenes Konzilsdokumentes selbst noch in den Jahren, da Küng seine Beschäftigung mit diesen Fragen intensivierte, bereits hinreichend zuwege ge-

---

25   Ein solches Denken führt gewissermaßen auf direktem Weg zur gemeinsamen Weltverantwortung, die „Laudato si'" und vor allem „Fratelli tutti" einschärfen.
26   Das Problem, wieweit die Rede von einer Religion überhaupt gerechtfertigt ist (vgl. auch die Diskussion um den exogenen Ursprung dieses Begriffs) und nicht vielmehr in jedem Fall von einer Summe von (mehr oder weniger verbundenen) Einzeltraditionen – das wären dann die von Küng paradigmatisch gesonderten – auszugehen ist, muss hier außer Acht bleiben.
27   Vgl. NA 2.

bracht hätten: so wurde er in seiner Person, die nach dem Verlust der kirchlichen Lehrerlaubnis nun gerade für dieses Thema stand, ein Beispiel, ja mehr noch Symbol dafür, dass was bis dato ein systematisch-theologisches Randthema bildete und einzig Apologetik bzw. Fundamentaltheologie interessiert hatte,[28] nochmals einer ganz anderen theologischen Wahrnehmung und Verortung bedarf.

Für eine Einschätzung des binnenkirchlichen Einflusses, der Küng in Sachen Religionstheologie de facto zukam, wird man weitere Aspekte berücksichtigen müssen. So vollziehen sich seine Untersuchungen der religionellen Gesamtheiten nach der grundlegenden Publikation seiner Dialogvorlesungen (Islam, Hinduismus, Buddhismus, Chinesische Religion)[29] und bereits früheren Erkundungen zum Judentum (bzw. dem Juden Jesus)[30] vor allem als eine Folge umfänglicher Einzeldarstellungen zu den drei monotheistischen Religionen Judentum, Christentum, Islam[31] und dazwischen dem (primär po-

---

28 Vgl. Koziel, Apologie und Glaubensrechenschaft zwischen Konfrontation und Korrelation heute, in: ders. (Hg.), Apologie und Glaubensrechenschaft zwischen Konfrontation und Korrelation. Überlegungen zur Struktur gegenwärtiger Fundamentaltheologie (Fragen der Zeit. Veröffentlichungen der Akademie Caritas-Pirckheimer-Haus, 15), Würzburg 2017, 15–41.

29 Hans Küng/Josef van Ess, Christentum und Weltreligionen. 1. Islam, Gütersloh 1987; Küng/Heinrich von Stietencron, Christentum und Weltreligionen. 2. Hinduismus, Gütersloh 1987; Küng/Heinz Bechert, Christentum und Weltreligionen. 3. Buddhismus, Gütersloh 1988; Küng/Julia Ching, Christentum und Weltreligionen: Chinesische Religion, München (1988) Taschenbuchausgabe 1999.

30 Hans Küng/Pinchas Lapide, Jesus im Widerstreit. Ein jüdisch-christlicher Dialog, Stuttgart/München 1976.

31 Die jeweiligen Publikationsdaten (s. oben) umfassen den Zeitraum von 1991 bis 2004.

pulärwissenschaftlich angelegten) Versuch einer Zusammenschau dieser und eben der weiteren Weltreligionen im Projekt der „Spurensuche".[32] Im Wesentlichen endet danach dieser Teil von Küngs Bemühungen um die Erkundung der Weltreligionen. Aus einer nachträglichen Perspektive, die den aktuellen Stand religionstheologischer Forschungen überblickt, lässt sich die skizzierte Publikationsreihe Küngs auch als eine Kette von Aufschlägen verstehen, die neben den Tatsächlichkeiten der konkreten Fassung gleichsam auch die Möglichkeiten solcher Analysen illustriert. Hingegen umfasst sein Einsatz für das Projekt Weltethos[33] ein Engagement, das er bis zu seinem Tod aktiv weiterführt bzw. begleitet, das mithin als das konstantere Moment seiner eigenen religionstheologischen Bemühungen erscheint.[34]

Was die Aufnahme in der Fachwelt anbelangt, wurden indes gerade gegen das Weltethos-Projekt immer wieder Vorbehalte angemeldet, nicht zuletzt dahingehend, dass hier die unterscheidend christlichen Partien (und deren dogmatische Hintergründe) quasi systematisch ausgeblendet würden. Küngs Wahrnehmung der religionellen Gesamtheiten wiederum brauchte niemandem zum Vorbild zu gereichen, dem noch nicht einmal die Existenz anderer Religionen zur theologischen Frage geworden war;[35] anderen war

---

32   Dazu schon weiter oben.

33   Die programmatische Schrift gleichen Namens (s. oben) datiert auf das Jahr 1990

34   Freilich bilden die skizzierten religionellen Analysen zugleich die (bleibende) Bedingung der Möglichkeit, ein eben auf jenen religionellen Aussagen basierendes Weltethos zu behaupten.

35   Was diese Frage bedeutet, zeigt etwa Jacques Dupuis, Unterwegs zu einer christlichen Theologie des religiösen Pluralismus. Herausgegeben von Ulrich Winkler, übersetzt von Sigrid Rettenbacher unter Mitarbeit von Christian

umgekehrt seine nie aufgegebene christliche Orientierung kritik-würdig.[36] Doch sind Vorbehalte und Einwände bekanntlich kein Widerspruch zu hoher Wirksamkeit.[37] Nicht nur hatte er sich – auch als die öffentliche Person, zu der er durch die Umstände geworden war – zu seiner Zeit wie kein zweiter im Bereich deutschsprachiger Theologie publikumsträchtig des Themas Religionen angenommen; er verstand es auf die eine oder die andere Weise auch, es dauerhaft präsent zu halten. So hat er den nachfolgenden Überlegungen[38] Drit-ter innertheologisch wie innerkirchlich den Boden von Aufmerk-samkeit und Akzeptanz bereitet.

Hackbarth-Johnson und Wilhelm Schöggl (Salzburger theologische Studien, 38: interkulturell, 5), Innsbruck/Wien 2010.

36 So etwa im Hinblick auf die Frage, wie Küng gerade die Pluralistische Religions-theologie rezipierte und kritisierte (s. nochmals ders., Erlebte Menschlichkeit, 201–203): s. unsere nächste Fußnote.

37 Gewiss lassen sich auch andere Einflussgrößen benennen, die eine intensiviertere theologische Beschäftigung mit der Religionenwelt beförderten: Insbesondere die im angloamerikanischen Raum entstandene Pluralistische Religionstheo-logie – dazu Koziel, Kritische Rekonstruktion der Pluralistischen Religions-theologie John Hicks vor dem Hintergrund seines Gesamtwerks (BamTS 17), Frankfurt am Main 2001 – ist hier als eigenständiger Faktor zu nennen, der dann unter anderem auch das deutsche Sprachgebiet erreichte bzw. die Reaktion der römischen Autorität provozierte.

38 Eine jüngere beachtenswerte Variante der Religionstheologie bietet zumal die sog. „komparative Theologie": vgl. dazu Klaus von Stosch, Einführung in die komparative Theologie, Paderborn 2021; Reinhold Bernhardt/ders. (Hg.), Kom-parative Theologie: Interreligiöse Vergleiche als Weg der Religionstheologie (Beiträge zu einer Theologie der Religionen, Band 7), Zürich 2009; s. auch Ulrich Winkler, Wege der Religionstheologie: Von der Erwählung zur komparativen Theologie (Salzburger Theologische Studien, 46: interkulturell, 10), Innsbruck 2013.

Erfahrungsberichte und Erinnerungen

Josef Zerndl

Erinnerungen eines Alt-Germanikers (Frater Maior) an Frater Maior Prof. Dr. Hans Küng

Zunächst muss ich Sie enttäuschen. Ich kann nichts aus dem Näh-
kästchen über die Studienzeit von Prof. Dr. Hans Küng im Collegium Germanicum zu Rom (1948–55) erzählen, da ich erst elf Jahre
nach seinem Weggang in dieses Kolleg eingezogen bin und gewissermaßen schon der übernächsten Generation angehöre. Authenti-
sche Erlebnisse über ihren Mitstudenten hätten allenfalls Prof. Dr.
Wolfgang Beinert zu berichten (im Germanicum 1953–63 oder noch
mehr Erzbischof em. Dr. Karl (Heinz) Braun (1952–59).

Doch bevor ich ein paar Details nenne, die ich aus seinem eigenen Mund im Germanicum gehört habe, möchte ich zwei andere
Tatbestände würdigen.

Hans Küng als echter Schweizer

Bei aller wissenschaftlichen und persönlichen Qualifikation für einen Mann
von Weltrang ist Hans Küng immer ein
Schweizer geblieben und war erster Eh-
renbürger in seinem Heimatort Sursee.
Von dort bekam er die eigene Prägung der
Eidgenossen, für die eine demokratische

Josef Zerndl Priesterweihe 1971.
Viele Jahre Pfarrer von St. Hedwig
in Bayreuth und Regionaldekan i.
R., Monsignore und emeritierter
Domkapitular. Studierte – Jahre
später als Hans Küng – die Theologie an der Päpstlichen Grego-
riana-Universität und war – wie
Küng – Kollegiat am Germanicum.

Lebenskultur, Einblick in Entscheidungsvorgänge, Mitbestimmung und Wahlrecht mit Mehrheitsentscheidungen unter Beachtung von Minderheiten immer schon selbstverständlich waren. Außerdem gehört eine ganze Portion Selbstbewusstsein zum Kennzeichen von Menschen aus diesem Land. Für die kirchlichen Verhältnisse ist die Eigenverantwortung in den Kirchengemeinden bis heute prägend. Das war auch ein Motivationsschub für das Kirchenbild, an dem Hans Küng im Konzil mitgearbeitet, und das er in vielen Publikationen und Vorträgen erläutert hat bis hin zur Frage der Unfehlbarkeit des päpstlichen Lehramtes.

Hans Küng als Priester

Eines habe ich mit Hans Küng und den oben genannten Germanikern gemeinsam. Wir alle feiern unseren Priesterweihetag an einem 10. Oktober – das war seit 1950 so und wurde erst 2020 auf den 1. Oktober verlegt (Ausnahme 1962 wegen des Konzilsbeginns bereits am 7. Oktober). Und immer war die Weihekirche S. Ignazio im Zentrum der Ewigen Stadt. Hans Küng hat sein Priesteramt nie aufgegeben, obwohl sich das manche Kritiker seiner Theologie und seines Weltrufes gewünscht hätten.

Ich habe manche versteckten und offenen Vorwürfe gegen seinen Lebensstil gehört, mit denen man seine Autorität in Frage stellen wollte, z. B. dass er gerne Tennis spielte, dass er schnelle Autos liebte, dass er kein asketischen Leben führte. Vorbehalte gab es schon vor dem Entzug der Lehrbefugnis 1979, als mir etwa mein Doktorvater P. Karl Josef Becker SJ, später Kardinal, 1976 bei der Festlegung des Themas für meine Dissertation über die Firmung im Zweiten Vatikanischen Konzil verriet, man könne Hans Küng schon allein wegen seiner Abwertung der Firmung als eigenständiges Sakrament in der Glaubenskongregation einen Fallstrick legen. Küng hatte sich in einem Büchlein über die Firmung die Dissertation seines Doktoranden Jean Baptist Amougou Atangana aus Kamerun, den ich persönlich kennengelernt habe, zu eigen gemacht und die Firmung als ein an der Taufe partizipierendes Nebensakrament genannt. Aber da hat sich die Schlinge noch nicht zugezogen, wohl aber wurden die Argusaugen der Gegner geschärft.

Der Entzug der Lehrbefugnis wurde von Rom dem Ortsbischof Georg Moser in Rottenburg zugestellt, der es aber der Deutschen Bischofskonferenz zur Bekanntgabe weiterleitete. In einer denkwürdigen Geheimsitzung unmittelbar nach dem Begräbnis von Kardinal Bengsch in der Hedwigskathedrale zu Ostberlin im Advent 1979 beschloss man dort das Vorgehen in der Öffentlichkeit und diskutierte über den zu erwartenden Imageverlust der katholischen Kirche in Deutschland. Das Resultat ist bekannt. Aber Hans Küng tat niemanden den Gefallen, sein Priesteramt niederzulegen oder sich aus der katholischen Kirche zurückzuziehen. Er hielt weiterhin Studentengottesdienst und blieb seiner Weihe treu.

Hans Küng als sozial eingestellter Mensch

Hans Küng ist zeitlebens ein Germaniker, ein „Frater Maior" – so hießen die in die Heimatländer zurückgekehrten Alumnen nach Abschluss ihrer Ausbildung – geblieben, der sich für die Vorgänge im Kolleg interessiert hat und auch gelegentlich zu Besuch gekommen ist. Er war in der Bankreihe der Kollegskirche 1974, als Papst Paul VI. zu Besuch war. Und er war mir bei einem Weihe-„Pranzo" (Mittagessen) um das Jahr 2001 gegenüber gesessen, bei dem er einige Details aus seinen Kollegserlebnissen zum Besten gab. Ich selbst habe noch die Ausläufer einer strengen Disziplin und Gliederung innerhalb des Hauses erlebt. Es gab die Aufteilung in verschiedene Kammern, was die Zuordnung bei Tisch aufs Genaueste regelte. Hans Küng habe sich zu seiner Zeit gerne über diese Kammerordnung hinweggesetzt und bei der „niederen Kaste" Platz genommen – für einen Schweizer war diese Trennung untereinander unbegreiflich.

Und Hans Küng hat in der damaligen Männerwirtschaft des Hauses – selbst für die Putzdienste wurden keine Frauen eingelassen, sondern *ragazzi*, römische Jungen, versahen die zugeordneten Dienste in der Küche und in den Fluren – schnell durchschaut, dass sich niemand um das Wohlergehen oder gar um die religiöse Bildung dieser jungen Leute kümmerte. So habe er nach eigener Erzählung in den Untergeschossen des Hauses begonnen, die *ragazzi* um sich zu scharen, ihnen Bibelunterricht zu geben und mit ihnen auch zum Fußballspielen zu gehen, damit sie in ihrer eigenen Würde wahrgenommen würden. Dieses Gefühl der Achtsamkeit für sozial schwächere Menschen ist Hans Küng nie abhandengekommen.

So würdigen wir heute nicht nur einen Theologen von Weltrang, sondern auch einen Menschen und Priester, der schon früh ein Gespür dafür entwickelt hat, worauf es in unserer Zeit ankommt.

Siegbert Keiling

„Gelobtes Land" der Theologie. Gedanken eines Küng-Schülers

Wir schreiben das Winter- und Sommersemester 1966/67. Immer noch kann ich ohne Übertreibung sagen, dass dieses Jahr wohl das interessanteste meines Lebens gewesen ist, eines Lebens, das reich war an vielen positiven Erlebnissen und Erfahrungen, an einer geglückten Berufswahl, an unzählig bereichernden Begegnungen.

In diesen beiden Semestern war es für uns Bamberger Philosophiestudenten im Priesterseminar möglich, eine auswärtige Universität zu wählen, um in den so genannten „Freisemestern" in die eigentliche Theologie einzusteigen. Schon hatten wir in Bamberg Aufsätze u.a. von Schelkle, Haag, Ratzinger und Küng gelesen, doch gesehen und gehört hatten wir sie noch nicht. Das wollten wir ändern!

So fiel meinem Studienkollegen aus dem Priesterseminar Georg Holzschuh und mir die Wahl sehr leicht, uns für Tübingen zu entscheiden, hatten wir doch den Wunsch, bei den damaligen „Großen" der Theologie unsere Studien fortzusetzen. Denn Tübingen, die „Tübinger Schule", war zu dieser Zeit immer noch das „Gelobte Land" der Theologie.

So wurden auch in diesen beiden Semestern unsere Erwartungen nicht enttäuscht: Der bekannte Alttestamentler

Siegbert Keiling, Priesterweihe 1970. Langjähriger Pfarrer der Schlosskirche Bayreuth. Gymnasialzeit bei den Benediktinern in Metten; Theologiestudium in Tübingen, dort eifriger Hörer und Seminarteilnehmer bei Hans Küng.

Herbert Haag, von uns liebevoll „Rabbi Haag" genannt, las die Einleitung ins Alte Testament, in die Psalmen und in Tritojesaja, der Neutestamentler Karl Hermann Schelkle referierte über das Ethos im Neuen Testament, über Mariologische Texte; sein Seminar hatte Taufe und Mahl zum Inhalt. Der Moraltheologe Alfons Auer hielt seine Vorlesungen über Spezielle Moraltheologie und über „Die Verwirklichung der christlich-sittlichen Ordnung im Leben der Getauften". Der Kirchenrechtler Johannes Neumann las über das Verfassungsrecht der kath. Kirche, über Personen- und Eherecht; in seinem Seminar wurden eherechtliche Fragen besprochen. Der ungekrönte König der evangelischen Fakultät, Ernst Käsemann, bei dem wir keine Vorlesung versäumten, las im vollen Audimax das Markus- und Johannesevangelium... Und dann war natürlich auf katholischer Seite Joseph Ratzinger, dessen Vorlesungen in seinem späteren Buch „Einführung ins Christentum" zusammengefasst wurden, und dessen Seminar die Pastoralkonstitution „Die Kirche in der Welt von heute" des Zweiten Vatikanischen Konzils zum Inhalt hatte und – last not least – eben Hans Küng, der uns im Sommersemester Sakramentenlehre bot.

Waren die Vorlesungen von Ratzinger tief spirituell, die in jeden Exerzitienkurs gepasst hätten, so weitete Küng als universaler Denker trotz der vom Thema gesetzten Grenzen seiner Sakramentenlehre unseren Blick in die Weite, hinein in die Weite der Weltkirche, hinein auch in die Pluralität der Religionen.

Küng verstand es, uns jungen Theologen zugleich sachlich wie leidenschaftlich das Entscheidende des christlichen Glaubens nahezubringen. Seine Vorlesungen waren stets auf neuestem Forschungsstand, sie waren nicht bedeckt vom Staub dogmatisch festgefahrener Lehrsätze früherer Zeiten. Dass es auch eine Dogmenentwicklung gibt und geben muss, ging uns bei Küng befreiend auf. Vieles entdeckten wir in der Theologie durch Küng neu, seine Leidenschaft für die Kirche, unter der er ja immer wieder zu leiden hatte, beeindruckte uns in nahezu jeder Vorlesung. Wohltuend war seine verständliche Sprache, ohne altbackene scholastische Gedankengänge, bei ihm war alles sach- und zeitgemäß beleuchtet.

Ökumenisches Engagement war bei Küng so ausgeprägt, dass er damit unweigerlich Hörerinnen und Hörer ansteckte. Kein Wunder, dass seine Vorlesungen im Kupferbau bestens besucht waren, kein Wunder, dass auch mein Herz ganz von dieser neuen Art theologischer Verkündigung gepackt wurde.

Natürlich hatte Hans Küng damals einen nicht zu unterschätzenden Bonus, der unserer katholischen Kirche derzeit völlig abhandengekommen ist. Es war die Zeit des Aufbruchs nach dem Zweiten Vatikanischen Konzil (1962 – 1965). Der frische Wind in der Kirche, den Papst Johannes XXIII. entfacht hatte, machte auch vor den Universitäten nicht Halt und wurde von den meisten Studierenden begeistert aufgesogen. Küng war einer, der maßgeblich an diesem Aufbruch beteiligt war und sich außerordentlich um die Erneuerung der kirchlichen Strukturen verdient gemacht hat.

Dieses „Konzilsblut" fließt beim größten Teil meiner Generation, bei Laien und Priestern, noch heute in den Adern, und wenn wir jetzt von jungen Theologen als „konzilsverseucht" bezeichnet werden, dann ist das jedenfalls für mich mehr Lob als beabsichtigter Tadel!

Als ich Hans Küng dann im Schlussexamen privat gegenübersaß, war er nicht der ferne Professor, da erschien er mir wie ein älterer Bruder, der mit der Anspannung des jungen Kandidaten verständnisvoll umzugehen wusste.

Für mich persönlich kann ich sagen, dass mich die Impulse der Küngschen Theologie ein Leben lang geprägt, begleitet, motiviert und getragen haben.

Bei seinem letzten Vortrag in der Hochschule für Philosophie der Jesuiten in München (15. Oktober 2013) mit dem Thema seines Buches: „Erlebte Menschlichkeit" war Küng, bereits 85-jährig, schon merklich gezeichnet von seinem Parkinson-Syndrom. Trotzdem war in ihm das Feuer des Wissenschaftlers, aber auch des Priesters zu spüren. Demütigungen, die ihm seine Kirche angetan hatten, waren nicht mehr zu erkennen.

Heute noch bin ich froh, dass ich an diesem Abend den Mut hatte, ihm nach dem Vortrag persönlich dankbar zu bekennen, dass er mein theologisches Denken seit den Tübinger Semestern und durch seine zahlreichen Veröffentlichungen maßgeblich geprägt hat. Über 50 Priesterjahre ist es mir ein wertvolles, unverzichtbares Fundament gewesen und wird es bleiben, solange ich noch leben darf.

Georg Zenk

Erinnerung an Hans Küng

Es war im Wintersemester 1970/71 im Untergeschoß des Tübinger „Kupferbaus": Hans Küng wollte auch auf moderne Vorlesungstechniken aufspringen und von den circa 200 Studentinnen und Studenten Aufmerksamkeit fordern; er beanspruchte sie auch für die studentischen Beiträge. Und so kam es, dass er die kleinen Referate, die einige von uns hielten, zum Examensstoff erklärte. Für mich zum Beispiel als vorwitzigen Jungstudenten das Referat „Die Taufe Jesu und ihre Bedeutung". Das leistete ich nach Kräften, kam aber dann in Erklärungsnot, als mich der berühmte Lehrer vor den vielen Kommilitonen nach der tatsächlichen Geschichtlichkeit der Johannestaufe fragte. In der Verlegenheit setzte ich sekundenschnell auf die bekannte Liberalität Küngs und wagte folgende Ausflucht: In der neutestamentlichen Exegese werde vieles als unbedingt historisch ausgegeben, was sich dann aber nicht halten lasse.

So ist es mir bis heute unvergesslich, wie Professor Hans Küng laut lachend mein Referat unterbrach und mit ungewohnter Deutlichkeit die johanneische Taufdarstellung Jesu zu den unaufgebbaren Elementen der Sakramentenlehre aufwies.

Und Hans Küng erkannte sofort, dass mir alle zentralen Punkte meines Referats

Georg Zenk, Diakonenweihe 1986. StD i. R., Religionslehrer am Kaspar-Zeus-Gymnasium in Kronach; Diakon mit Zivilberuf. Vom Studium bei Hans Küng in Tübingen frühzeitig für die Ökumene-Arbeit sensibilisiert und motiviert, der er sich im Schuldienst, in der Gemeinde und überpfarrlich verschrieben hat.

wegschwammen. Sofort stellte er sich auf meine Seite, gab mir nicht Recht, schrieb aber auf meinen Seminarschein die Note „Sehr gut".

Deshalb soll mir auch heute keiner kommen und meinem verehrten Lehrer nachsagen, er habe viel vom ursprünglichen Glaubensbestand aufgegeben.

Theo Kellerer

Dank an Hans Küng

1959/1960 hat Prof. Hans Küng ein sehr kompaktes und für damalige Zeiten mutiges Büchlein geschrieben: „Strukturen der Kirche". Ich habe es damals mit großem Interesse genau studiert.

Wie es der Zufall will – oder war es doch ein Wink von oben? – war das auch genau das Thema in unserem theologischen Abschlussexamen an der Philosophisch-Theologischen Hochschule in Bamberg, sowohl in Kirchengeschichte wie in Dogmatik.

Als es in der Prüfung der Glaubenslehre nur so aus mir heraussprudelte, sagte der Prüfer: Woher wissen Sie denn das alles? Er kannte nämlich Küngs Buch noch nicht.

Beim Vorsitzenden der Prüfungskommission, dem damaligen Erzbischof Dr. Josef Schneider, scheint das keinen negativen Eindruck hinterlassen zu haben, denn bei dem abschließenden Ranking, das es damals in diesem Synodalexamen noch gab, landeten später vielgerühmte Professoren weit hinter mir.

Deshalb auch heute noch einmal Dank, lieber Professor Hans Küng!

Theo Kellerer, Priesterweihe 1960. Viele Jahre Gemeindepfarrer von St. Josef in Nürnberg, bis zur Pensionierung Stadtdekan von Nürnberg und Domkapitular; Prälat. Im Studium an der Bamberger Hochschule aus theologischer Neugier eifriger Küng-Leser.

Hans-Peter Weigel

Meine Erfahrung mit Hans Küng

Küng-Anekdoten kann ich nicht berichten. Ich hielt kein Referat in seinem Seminar, ich war sozusagen keiner der 12 Apostel und nicht einmal der 72 Jünger, sondern bloß einer aus der „Volksmenge", der eine Zeitlang mit dem Meister mitgeht und ihm zuhört.

Aber die Atmosphäre um ihn herum hat mir gefallen und mir gutgetan. Eingenommen hat mich Hans Küng mit seiner Weltzugewandtheit, seiner Ehrlichkeit, seinem weiten Horizont.

Wissenschaftlich hat mich fasziniert, wie er historisch-kritisch nach den Wurzeln der christlichen und katholischen Glaubenslehre forschte. Es war die Phase, in der er sich mit der römischen Theologie und Tradition auseinandersetzte. Von da aus griff er dann in die Breite aus – also in den Raum der anderen christlichen Kirchen und Konfessionen – und nahm, im Ansatz schon in meiner Studienzeit, Fühlung auf mit dem Judentum und den Weltreligionen insgesamt.

Vor Kurzem kreuzte ich noch in Italien umher und stieß immer wieder auf die Via Francigena – den alten Weg der Pilger und Kaiser vom Norden her nach Rom. Ich stieß darauf, dass etliche Pilger nach ihrer Ankunft in Rom – offenbar gegen ihren ursprünglichen Plan – dann noch weiterzogen: Von Rom nach Bari oder Brindisi

Hans-Peter Weigel, Priesterweihe 1973. Pfarrer, OStR i. R., langjähriger Religionslehrer am Melanchthon-Gymnasium Nürnberg, emeritierter Künstlerseelsorger und Rundfunkbeauftrager für das Erzbistum Bamberg; Abschluss des Theologiestudiums 1972 mit dem Diplom in Tübingen.

und dann weiter übers Meer ins Heilige Land. Auch Hans Küng ist nicht in Rom stehen geblieben.

Dank- und Gedächtnis- gottesdienst

Im Folgenden dokumentieren wir einige Texte des ökumenisch gestalteten Dank- und Gedächtnisgottesdienstes, der nach der Festakademie in der Kirche Zu Unserer Lieben Frau in Nürnberg gefeiert wurde. Die Gedenkveranstaltung fiel im Kalender der Kirche auf den Gedenktag der hl. Teresa von Ávila. Im Folgenden die Einstimmung in den Gottesdienst, die beiden Predigten sowie die Fürbitten.

Hans-Peter Weigel

Zur Einstimmung

Hat sich mit Leidenschaft für die Erneuerung der Kirche eingesetzt. Hat den gekreuzigten Christus wieder klar in die Mitte des Glaubens gestellt. Hat den Argwohn der Glaubensvermesser geweckt. Das gilt von Teresa von Ávila, der großen Reformatorin des Karmeliterordens. Sie ist die Tagesheilige von heute, in der Liturgie feiern wir ihr Fest.

Hat sich mit Leidenschaft für die Erneuerung der Kirche eingesetzt. Hat den gekreuzigten Christus wieder klar in die Mitte des Glaubens gestellt. Hat den Argwohn der Glaubensvermesser geweckt. Das gilt in anderer Weise auch von Hans Küng, dem Theologen. Ehemalige Kollegen und Studenten von ihm und andere theologisch und ökumenisch Interessierte haben heute Nachmittag in Referaten und Erzählungen an ihn erinnert. Wir feiern Eucharistie, Danksagung. Wir sagen Dank für Hans Küng, und wir sagen Dank für streitbare heilige Frauen wie Teresa von Ávila.

Ottmar Fuchs

Predigt über Johannes 15,1–8[1]

¹Ich bin der wahre Weinstock und mein Vater ist der Winzer. ²Jede Rebe an mir, die keine Frucht bringt, schneidet er ab und jede Rebe, die

---

1   Vgl. Ottmar Fuchs, Zwischen Wahrhaftigkeit und Macht. Pluralismus in der Kirche?, Frankfurt a.M. 1990. Die Ansprache wurde erweitert und um Anmerkungen ergänzt.

Frucht bringt, reinigt er, damit sie mehr Frucht bringt. [3]Ihr seid schon rein kraft des Wortes, das ich zu euch gesagt habe. [4]Bleibt in mir und ich bleibe in euch. Wie die Rebe aus sich keine Frucht bringen kann, sondern nur, wenn sie am Weinstock bleibt, so auch ihr, wenn ihr nicht in mir bleibt. [5]Ich bin der Weinstock, ihr seid die Reben. Wer in mir bleibt und in wem ich bleibe, der bringt reiche Frucht; denn getrennt von mir könnt ihr nichts vollbringen. [6]Wer nicht in mir bleibt, wird wie die Rebe weggeworfen und er verdorrt. Man sammelt die Reben, wirft sie ins Feuer und sie verbrennen. [7]Wenn ihr in mir bleibt und meine Worte in euch bleiben, dann bittet um alles, was ihr wollt: Ihr werdet es erhalten. [8]Mein Vater wird dadurch verherrlicht, dass ihr reiche Frucht bringt und meine Jünger werdet.

Im heutigen Evangelium Joh 15,1–8 geht es vor allem um die Verbindung der Rebzweige und der Früchte am Weinstock mit dem Weinstock selber und seinem Wurzelwerk, ein Bild für die intensive Verbindung mit Christus. Die Früchte selbst schauen eher einheitlich aus: wie eben Weintrauben sind. Das Bild einer in sich harmonischen Kirche, wie sie im Bild vom Weinstock und den gleichen Reben zum Vorschein kommt, ist wunderbar, aber auch langweilig.

Es ist jedenfalls zu kreuzen mit dem Bild des Apostels Paulus: nämlich die Vorstellung vom Leib Christi (in 1 Kor 12,12–27), in dem jedes Glied anders ist und auch andere Gaben und Aufgaben hat. Hier zeigt sich eine Vielfalt, die bei Johannes weniger angedacht ist. Es sei denn, man bringt die Unterschiedlichkeit von Weintrauben zwischen rot und weiß, zwischen groß und klein (was aber kaum an ein und demselben Weinstock möglich ist) als gegensätzliches Aussehen mit in Betracht.

Hans Küngs „Wahrhaftigkeit"

Hans Küng geht bereits in seinem Buch „Wahrhaftigkeit" von 1968 davon aus, dass in der Kirche nicht nur Vielfalt ist, sondern auch zum Teil harte Gegensätzlichkeit. Mit ihr ist entsprechend umzugehen. Küng schrieb damals: „Wir halten nichts von Kategorien und Einteilungen, falls sie etikettierend und ausschließlich gemeint sind: konservativ – progressiv, rechts – links, alt – jung ...! ... Bei allen verschiedenen Akzentuierungen, Richtungen und Gruppierungen, die es seit der neuen konziliaren Freiheit auch in der katholischen Kirche gibt: Wir dürfen uns nicht auseinanderleben! Spannungen dürfen nicht Trennungen werden! ... Gerade ,Progressive' sollten es sich jetzt, wo sie vielfach ,an der Macht sind', zur Ehre machen, die ,Konservativen' zu verteidigen, wo immer sie verketzert oder unter Umständen sogar um ihrer Konservativität willen schikaniert werden sollten."[2] Ich vermute, dass die hier angesprochenen „Progressiven", zu denen ich damals als Theologiestudent und später als Kaplan selbst gehörte, Küngs Mahnung gründlicher beherzigen hätten sollen. Gab es Ende der 60er und Anfang der 70er Jahre nicht doch so etwas wie eine Unterdrückungsgeschichte gegenüber den Konservativen? Die Veränderer hatten damals das Sagen. Haben sich konservative Christen und Christinnen tatsächlich an die Wand gedrängt erfahren? Haben progressive Gläubige im Selbstbewusstsein, zu einer innerkirchlichen Mehrheit zu gehören, die als Minderheit angesehenen Konservativen tatsächlich missachtet, vielleicht sogar verachtet? Kommt die in den 70er Jahren darauf folgende Wucht des konservativen Widerstandes

---

2   Hans Küng, Wahrhaftigkeit. Zur Zukunft der Kirche, Freiburg i. B. 2. Aufl. 1968, 21–22.

gegen eine Weiterführung der Konzilstexte vielleicht aus der Reaktion auf einen längeren Zeitraum, in dem man zu wenig zu melden hatte?

Objektiv kann man die These von der angesprochenen Unterdrückungszeit etwa daran festmachen, dass der alte lateinische Ritus schlechthin verboten wurde. Hans Küng war immer gegen dieses Verbot, das nicht notwendig war, wenn man doch prinzipiell die Pluralität von verschiedenen Kanongebeten für die Messfeier akzeptiert hat und deshalb in diese Pluralität durchaus auch den alten Ritus, mit wenigen Korrekturen, mit hätte aufnehmen können. Ein weitgehendes Entgegenkommen in gegenseitiger Akzeptanz und Nicht-Vereinheitlichung hätte eine viel entspanntere Situation ergeben, mit den Chancen einer besseren Begegnungskultur zwischen Konservativen und Progressiven.

Und die Gläubigen wären in ihren Glaubensbedürfnissen ernst genommen worden, die an den alten Formen gehangen haben.[3]

Hans Küngs „Bleiben"

Man kann nur dann umso mehr die eigene Meinung und umso profilierter die eigene Einstellung zum Ausdruck bringen, als man das Recht der „Anderen" verteidigt, selbst das Gleiche zu tun. Genau das nennt Hans Küng beim Namen. Nämlich dass man in der eigenen Selbstsicherheit ausgebremst wird, weil man weiterhin nicht ohne die Anderen sein und leben will. Später ging es Küng genauso wie denjenigen, die er vorher in Schutz genommen hat: Als sogenannter Progressiver findet er sich auf der anderen Seite der Macht wieder und es kommt zu Ausgrenzungen und auch Trennungen.

---

3   Vgl. Fuchs, Zwischen Wahrhaftigkeit und Macht, 16–39.

Die schlimmste Trennung war der Entzug der kirchlichen Lehrerlaubnis. Küng formuliert 1968 für die Anderen, was später sein Wunsch für ihn selbst gewesen wäre: als „Anderer" anerkannt und nicht exkludiert zu werden.

An Kirchenaustritt oder Übertritt dachte Küng nie. Auch nicht daran, sein Priestertum aufzugeben. Das Kirchenregiment schaffte es nicht, Küng zu einem solchen Schritt zu bewegen. Wird uns Küng angesichts der aktuellen katastrophalen Lage der Kirche vielleicht zur Ermutigung, zu bleiben? Wobei sexueller Missbrauch als Verbrechen selbstverständlich nicht mit dem Machtmissbrauch, wie ihn Küng erleben musste, gleichzusetzen ist. Unter den gegenwärtigen Umständen, wo unsere Kirche das Vertrauen darauf, dass sie die christliche Botschaft in der Praxis vermittelt habe und vermitteln könnte, massenhaft verloren hat, könnte man fast in die Einstellung einstimmen, die Michel de Certeau in seinen „Theoretischen Fiktionen" bezogen auf Teresa von Ávila und einige andere folgendermaßen beschrieben hat: „Sie wollten in einen verdorbenen, *korrupten* Orden eintreten und erhofften sich davon weder Anerkennung noch ihre Identität zu erlangen, sondern einzig ein Anderswerden ihres notwendigen Wahns. So ließe sich in der Institution zugleich der Ernst eines Realen und die Lächerlichkeit der von ihr zur Schau gestellten Wahrheit entdecken."[4] – Und damit landen wir bei unse-

---

4   Vgl. Michel de Certeau, Theoretische Fiktionen. Geschichte und Psychoanalyse, Wien 1997, 159; vgl. Johannes Hoff, Spiritualität und Sprachverlust. Theologie nach Foucault und Derrida, Paderborn 1999, 304. Selbstverständlich kann dieser Satz nicht als rechts- bzw. linksfaschistische Opferideologie verstanden werden. Vor allem wird man sich hüten müssen, andere Menschen zu nötigen, derart mit Beruf und Institutionen in ihrem eigenen Leben umzugehen. Ich

rer Lesung in Röm 8,22–27, auch für unsere Kirche wider aller Hoffnung zu hoffen.[5] Wenn es allerdings keinen anderen Weg eines erfolgversprechenden Protestes innerhalb der Kirche gibt, kann man es Menschen nicht verdenken, dass sie auf Dauer dies nicht mehr aushalten können oder wollen und sich Räume suchen, in denen diesbezüglich mehr Möglichkeiten gegeben sind.

Verpasste Chancen
So haben wir in den Jahrzehnten nach dem Konzil eine doppelt misslungene innerkirchliche Konfliktlösung vor uns. Es gab nachei-

---

verstehe diesen Satz allerdings als eine Unterbrechung unserer diesbezüglich manchmal zu glatten Überlegungen. Diese Brechung signalisiert so etwas wie eine negative Theologie der Institutionen und Strukturen. Auch wenn sich in diesseitigen Verhältnissen nicht selten nichts verändert (bei Jesus hat sich am Kreuz kein Wunder ereignet, und auch er hat, auf den ersten Blick gesehen, strukturell nichts verändert), könnte es in der Dynamik einer Berufung liegen, nicht nur nach der Korrespondenz von Berufung und Institution zu fragen, sondern danach, wie notwendig jemand in der Institution Kirche ist, einmal, um darin tatsächlich auf Veränderungen von strukturellen Verhältnissen hinzuarbeiten, aber eben auch um darin um einer bestimmten Notwendigkeit willen auszuhalten: um der Menschen willen, die in diesen Institutionen leben und lernen, arbeiten und beten, leiden und hoffen, und um der Menschen willen, wofür die Institution Kirche von ihrem Auftrag her da ist, nämlich für die Erfahrung des Evangeliums gerade auch durch die Widerborstigkeit ihrer Strukturen hindurch. Dann nicht das Weite suchen, sondern eine neue Weite im eigenen Herzen entdecken, könnte vielleicht, nicht immer, aber manchmal die eigene Identität in dieser Gebrochenheit vertieft erkennen lassen und auf ein neues Niveau ihrer solidarischen Berufung bringen. Wie weit dies dann gehen kann, dafür gibt es kein Gesetz, sondern allenfalls die Ermöglichung der Gnade.

5   Vgl. Ottmar Fuchs, Verrat an berufenen Personen und sakramentalen Gegebenheiten, in: Lebendige Seelsorge 72 (2021) 4, 257–258.

nander, mit unterschiedlichen Vorzeichen, die Missachtung des jeweils anderen gegenteiligen Teils von Kirche. Wir und die anderen haben es nicht geschafft, gegenseitig und gegensätzlich solidarisch zueinander zu stehen und uns gegenseitig zu schützen. Wir haben die Widersprüche zu wenig entfeindet. Die gegenseitige Moralisierung und Degradierung waren wichtiger als das Miteinandersein und Beieinanderbleiben in Christus, der, im Bild des Paulus, alle Seiten von Kirchen vereint.

Küng ist natürlich nicht ganz unschuldig in diesem Zusammenhang, sein Selbstbewusstsein in dieser Auseinandersetzung lässt wirklich nichts zu wünschen übrig, aber er hat einen Begriff davon, dass er selbst dabei hinter dem zurückbleibt, was ihm wichtig ist. Dies zeigt sich vor allem auch dadurch, dass er in seinem Buch „Wahrhaftigkeit" vehement Dietrich Bonhoeffer beipflichtet, der davon spricht, dass Wahrheit auch Satanswahrheit sein kann. Küng zitiert Bonhoeffer: „Das wahrheitsgemäße Wort ist nicht eine in sich konstante Größe, sondern ist so lebendig wie das Leben selbst. Wo es sich vom Leben und von der Beziehung zum konkreten anderen Menschen löst, wo die ‚Wahrheit gesagt wird' ohne Beachtung dessen, zu wem ich sie sage, dort hat sie nur den Schein, aber nicht das Wesen der Wahrheit. Es ist der Zyniker, der unter dem Anspruch, überall und jederzeit und jedem Menschen in gleicher Weise ‚die Wahrheit zu sagen', nur ein totes Götzenbild der Wahrheit zur Schau stellt. Indem er sich den Nimbus des Wahrheitsfanatikers gibt, der auf menschliche Schwachheiten keine Rücksicht nehmen kann, zerstört er die lebendige Wahrheit zwischen den Menschen. Er verletzt die Scham, entheiligt das Geheimnis, bricht das Vertrauen, verrät die Gemeinschaft, in der er lebt, und lächelt hochmütig über das Trümmerfeld, das er angerichtet hat, über die menschliche Schwäche, die ‚die Wahrheit nicht ertragen kann'. Er sagt, die Wahrheit sei zerstörerisch und fordere Opfer, und er fühlt sich wie ein Gott über den schwachen Kreaturen und weiß nicht, daß er dem Satan dient. ... Es gibt eine Satansweisheit. Ihr Wesen ist, dass sie unter dem Schein der Wahrheit alles leugnet, was wirklich ist. ... Die Möglichkeit, ihr [der Wahrheit, O.F.] zu begegnen, kann ... in nichts anderem bestehen als eben in der aufmerksamen Erkenntnis der jeweiligen Inhalte und Grenzen, die das wirkliche Selbst der Aussage vorschreibt, um sie zu einer wahrheitsgemäßen zu machen. Niemals aber darf man um der Gefahren willen, die in dem Begriff der lebendigen Wahrheit liegen, diesen zugunsten des formalen, zynischen Wahrheitsbegriffes aufgeben."[6]

Ausblick

Es bleibt eine ebenso bitter notwendige wie schwierige Aufgabe: Nur wenn wir unser Dasein gegenseitig schützen, können wir unser Sosein kritisieren, und wir können umso mehr unser Sosein kritisieren, als wir das Dasein der Anderen nicht infrage stellen, auch nicht ihr Wohlbefinden. Unter diesem Damoklesschwert befinden wir uns alle, die eine bestimmte Position durchaus heftig vertreten wollen. Die Einheit in Christus aber, die nichts gleichmacht, feiern wir jetzt in der Eucharistie, nicht zuletzt in der entsprechenden Einheit zwischen evangelisch und katholisch.

---

6   Aus Dietrich Bonhoeffer, Ethik, München 5/1961 (hg. von Eberhard Bethge), 284f. Vgl. Küng, Wahrhaftigkeit, 116ff.

Johannes Rehm

Predigt über Römer 8,22–27

22 Denn wir wissen, dass die ganze Schöpfung bis zu diesem Augenblick seufzt und in Wehen liegt. 23 Nicht allein aber sie, sondern auch wir selbst, die wir den Geist als Erstlingsgabe haben, seufzen in uns selbst und sehnen uns nach der Kindschaft, der Erlösung unseres Leibes. 24 Denn wir sind gerettet auf Hoffnung hin. Die Hoffnung aber, die man sieht, ist nicht Hoffnung; denn wie kann man auf das hoffen, was man sieht? 25 Wenn wir aber auf das hoffen, was wir nicht sehen, so warten wir darauf in Geduld. 26 Desgleichen hilft auch der Geist unsrer Schwachheit auf. Denn wir wissen nicht, was wir beten sollen, wie sich's gebührt, sondern der Geist selbst tritt für uns ein mit unaussprechlichem Seufzen. 27 Der aber die Herzen erforscht, der weiß, worauf der Sinn des Geistes gerichtet ist; denn er tritt für die Heiligen ein, wie Gott es will.

„Zur Hoffnung berufen", so lautete das Motto des Deutschen Evangelischen Kirchentags, der 1979 in dieser Stadt Nürnberg stattfand und der auf mich wie auf viele andere meiner Generation einen nachhaltigen Eindruck machte. Dass in der ehemaligen Stadt der Reichsparteitage ein Kirchentag stattfand, wurde damals an sich schon als ein Hoffnungszeichen empfunden. Und dann die unendlich vielen jungen Menschen, die daran teilnahmen, und von denen dann nicht wenige den Weg ins Theologiestudium einschlugen, was ohne Hoffnung nicht denkbar gewesen wäre. Wir waren voller Hoffnung auf eine Kirche der Zeitgenossenschaft und wir waren voller Hoffnung auf eine ökumenische Gemeinschaft der Kirchen. Das Feierabendmahl war damals so etwas wie das Sakrament dieser

Kirche der Hoffnung. Große Gestalten der Hoffnung bestärkten uns in unserer je eigenen Berufung. Da gehörte Ernst Käsemann dazu, der damals einer der Hauptredner des Kirchentags gewesen war, und neben vielen anderen prominenten Namen, die da zu nennen wären, gehörte auch Hans Küng zu diesen generationenübergreifenden Hoffnungsgestalten. Ich habe die Zeit damals als eine Art Anschauungsunterricht in Sachen Hoffnung dankbar in Erinnerung behalten.

Nun haben wir gerade in der Epistel hören müssen, dass die Hoffnung des Glaubens in diesem Leben und auf dieser Welt nicht in dieser Eindeutigkeit sichtbar und anschaulich wird, wie wir uns das wohl oft gerne wünschen würden. „Die Hoffnung aber, die man sieht, ist nicht Hoffnung", so die ernüchternde Botschaft des Paulus, die sich auch mit der übrigen menschlichen Lebenserfahrung deckt. Auch die großen Lehrergestalten, derer wir zu Recht dankbar gedenken, taugen nicht als Grund und Unterpfand unserer Hoffnung. Was wir aber von ihnen lernen können, das ist, die Hoffnung nicht einfach fahren zu lassen und sie aller Unanschaulichkeit zum Trotz nicht aufzugeben. „Wenn wir aber auf das hoffen, was wir nicht sehen, so warten wir darauf in Geduld", so sagt es uns Paulus. Geduld war meiner Erinnerung nach nicht die starke Seite von Hans Küng. Aber ein Leben lang bei der Berufung zur Hoffnung zu bleiben, das war in bewundernswerter Konsequenz seine ausdauernde Lebensleistung gewesen.

Jedoch das Christsein besteht nicht nur aus Kirchentags- und Katholikentagshochstimmung. Es ist wahrlich nicht immer die richtige Zeit zum Feierabendmahl, sondern die ganze Schöpfung seufzt mit, wenn wir eine Flutkatastrophe erleben wie kürzlich im Ahrtal oder wenn wir an die nicht enden wollenden Flüchtlingsströme einer globalisierten Welt erinnert werden. Ja, und auch unsere Kirchen geben uns ja durchaus manchen Anlass zum Seufzen. Es fehlen einem die Worte, wenn man an die zahllosen Missbrauchsfälle denkt. Seufzen lässt einen auch der Traditionsbruch in den Kirchen selbst. Wieviel Gelehrtenschweiß wurde damit vergossen, in der ökumenischen Theologie sich wechselseitig die Glaubens- und Lehrtraditionen zu erklären! In einer Zeit der Digitalisierung sind die Menschen – und wir selbst sind da miteingeschlossen – es gewohnt, in Echtzeit zu kommunizieren – alles just in time. Welche Bedeutung haben da noch Traditionen und Überlieferungen vergangener Zeiten für die Bewältigung des Alltags heute? Welche Erzählungen aus der analogen Welt vermögen in der digitalen Welt noch eine orientierende Kraft zu entfalten? Einen Seufzer über die Geschichtsvergessenheit unseres Zeitalters kann ich mir da nicht so ganz verkneifen.

Paulus benennt schonungslos die menschliche Schwachheit. Aus uns selbst und auf uns selbst allein gestellt, wissen wir womöglich nicht so recht weiter: „Denn wir wissen nicht, was wir beten sollen." Wenn ich nicht so recht weiß, was ich mir wünschen und erhoffen soll, dann weiß ich auch nicht, was und wofür ich beten soll. Paulus lässt uns mit dieser unserer Verlegenheit nicht allein, sondern er verheißt uns die belebende und verwandelnde Macht von Gottes Geist. Dieser Geist vermag es sogar, unserer Schwachheit aufzuhelfen. „Der Geist selbst tritt für uns ein mit unaussprechlichem Seufzen." Wir bleiben nicht allein mit unserem Seufzen über die Ungerechtigkeiten dieser Welt und dem Mangel an Hoffnung in unseren Kirchen. Der Geist Gottes seufzt mit uns mit, aber er hilft uns auch, indem er in Gottes Namen für uns eintritt. Wie geschieht das und wie tut er es? Ich denke, dass sich der ökumenische Dialog unserer Kirchen aus gutem Grund viele Jahre und Jahrzehnte mit großer Ernsthaftigkeit um die Sakramente bemüht hat. Taufe und Herrenmahl sind Wahrzeichen der Hoffnung. Gottes Geist bedient sich dieser Hoffnungszeichen, um uns hilfreich näher zu kommen als wir Menschen einander nahe zu sein vermögen. Gottes Geist steht keiner Kirche so einfach zur Verfügung, sondern er will von uns allen demütig erbeten sein. Gottes Geist kennt keine konfessionellen Schranken, aber dafür sehr wohl unser aller Schwachheit. Paulus macht uns Mut. Wir dürfen durchaus seufzen. Das Kyrie eleison gehört zu jedem Gottesdienst. Aber lasst uns einander doch auch der Hilfe und der Fürsprache des Geistes Gottes anvertrauen und ihr etwas zutrauen.

„Zur Hoffnung berufen", der damalige Kirchentag war in meinem Leben so eine Gelegenheit, bei der mir Gottes Geist wohl auf die Sprünge geholfen hat. „Die Hoffnung bewahren", so hat Hans Küng einst einen Sammelband zur Kirchenreform überschrieben. Dieser Titel ist sehr lebensklug gewählt. Zur Hoffnung berufen zu sein, das ist schon schön und es ist das eine, aber die Hoffnung bewahren in unübersichtlicher Zeit, das ist das andere im Christenleben, das gar nicht so leicht ist und richtig viel Geduld und Ausdauer erfordert. Vor allem kann man dies alles nicht alleine. Dazu bedarf es des gnadenvollen Wehens des Heiligen Geistes, der es vermag, Menschen anzurühren, zusammenzuführen und Gemeinschaft zu ermöglichen. Der Heilige Geist ist ein ökumenischer Geist. Er führt uns zusammen. Immer wieder! Und das ist gut so. Dieser ökumenische Geist möge auch beim nächsten Kirchentag in Nürnberg 2023 möglichst belebend wehen!

Das Büchlein „Die Hoffnung bewahren" enthält einen kleinen visionären Text von Hans Küng mit dem Titel: „Mein persönliches Spero." Darin bringt er seine persönliche Hoffnung auf die Einheit

der Kirchen, auf den Frieden unter den Religionen und die Gemeinschaft zwischen den Nationen zum Ausdruck. Die Kraft seines Hof-
fens hat er dabei nicht aus sich selbst, vielmehr steht er damit in der
liturgischen Tradition beider Kirchen. Mit Psalm 31 dürfen wir sprechen: „Herr, auf dich traue ich, lass mich nimmermehr zuschanden
werden, errette mich durch deine Gerechtigkeit."

Hans-Peter Weigel

Fürbitten

Gott, du Vater Jesu und unser Vater: Jesus hat uns Mut gemacht, dass
wir um alles bitten, was wir wollen – wenn wir in ihm bleiben. So
rufen wir zu dir:

- Wir bitten für die Frauen, die du wie die heilige Teresa begabt
  und berufen hast – die aber oft in ihrer Kirche und Gesellschaft
  nicht so wirken dürfen, wie es ihrer Berufung entspricht.
- Für die Getauften, die wie Teresa und Hans Küng die Kirche lieben und sie deshalb erneuern wollen – aber von den Amtsträ-
  gern oft beschuldigt und ausgemustert werden.
- Für die Frauen und Männer, die wie einst Hans Küng in der
  Theologie forschen und lehren – doch mitunter von Bischöfen
  und Gläubigen wenig geachtet sind.
- Für die Religionen der Welt, in denen Menschen dich suchen
  und ehren – und die Frieden stiften können – aber in Wirklichkeit oft Hass und Gewalt schüren.
- Für die römische Kirche, in der sich neues Leben regte, als Hans
  Küng jung war, und die Kirche sich zum Konzil versammelte –
  und die heute vielerorts müde und freudlos geworden ist.

- Für die katholische Kirche in Hans Küngs Schweizer Heimat, wo die Beharrenden mit den Wagemutigen zerstritten sind.
- Für Hans Küng, der forschte und suchte und glaubte – und der sich sehnte, vom Glauben einst zum Schauen zu kommen.

So bitten wir, denn der Geist selber tritt für uns ein. Dir, Gott, sei Preis und Dank in Ewigkeit!

Anstelle eines Schlusswortes

Hans-Peter Weigel

Seelenverwandte: Thomas, der Apostel, und Küng, der Theologe

Eine Predigt zum Weißen Sonntag am 11. April 2021

1

Am Osterdienstag (2021) ist der Theologieprofessor Hans Küng gestorben. Sogar die Tagesschau widmete ihm einen ausführlichen Nachruf. Drei Jahre lang war er im Studium einer meiner Professoren, und ich verdanke ihm viel. Er baute der Ökumene unter den Christen breite Brücken; er brachte Christen und Nichtchristen zum Gespräch zusammen; er war als Friedensengel zwischen den Weltmächten unterwegs.

2

Hans Küng war ein Seelenverwandter des Apostels Thomas. Denn das Lebensthema der beiden ist das Geschwisterpaar „Glauben und Wissen" – oder, wie es im Evangelium vorhin hieß: „Glauben und Sehen". Die Apostel und die Urgemeinde damals haben einen Thomas gebraucht, und die Kirche heute braucht Leute wie Hans Küng. Das sage ich mit vielen aufgeweckten Katholiken von heute und besonders auch mit vielen, die im Dienst der Kirche stehen. Manche werden jetzt einwenden: Aber der Apostel Thomas hat sich doch gegen das Glauben gesträubt, darum heißt er doch „der ungläubige Thomas"! Und der Professor Küng war doch ein Rebell; hat manches in Frage gestellt, was als Glaubenslehre im Katechismus steht; hat die Einigkeit in der Kirche erschüttert!

3

Tatsächlich sagt Thomas zu seinen Apostelkollegen: „Ich glaube nicht." Doch er fügt hinzu: „Es sei denn, es ist wirklich Jesus, den ihr gesehen habt, und nicht bloß eure Einbildung oder ein fauler Zauber." Seinem Zweifel zum Trotz geht Thomas zur nächsten Zusammenkunft der Apostelkollegen hin. Denen hatte er ja nach dem Karfreitag offenbar erst mal den Rücken gekehrt. Er geht hin, denn er hat Interesse am Glauben! Und Jesus lädt Thomas ein, ihn anzufassen und sich zu überzeugen – ohne jeden Vorwurf.

Und Hans Küng? Tatsächlich hat er nachgewiesen, dass die Päpste sich nicht in der Weise auf eine Unfehlbarkeit berufen dürfen, wie es einige getan haben. Tatsächlich hat Küng manche Aussagen seiner Bücher nicht widerrufen, obwohl die Glaubenskongregation ihn dazu aufgefordert hatte. Aber wer ihn je persönlich gehört und erlebt hat, spürte: Da ist einer, der ist erfüllt von einer glühenden Liebe zur Kirche. So, wie Thomas voll Sehnsucht nach dem wahren Christus war.

Ein kritischer, ein sorgfältiger Theologe aber war Hans Küng. Und so wusste er auch, dass ein Satz im heutigen Evangelium ursprünglich nicht im Text stand. Nämlich: „Selig, die nicht sehen und doch glauben." Ein Schüler des Evangelisten Johannes schrieb das später als seine persönliche Randbemerkung dazu. Er meinte: Thomas und die Apostel haben Jesus noch gesehen. Jetzt, 80 Jahre später, schreibt mein Lehrer Johannes sein Evangelium. Unsere Generation von Christen sieht Jesus nicht mehr auf diese Weise. Aber wir dürfen uns auf das Zeugnis derer verlassen, die uns den Glauben weitersagen. Und auch wir glauben und erfahren, dass Christus unter uns ist, „wenn zwei oder drei in seinem Namen versammelt sind". Wir sind nicht weniger selig als Thomas und die Christen von damals!

4

Selig, die nicht sehen und doch glauben: Jesus tadelt weder den kritischen Thomas noch kritische Theologinnen und Theologen von heute. Das Evangelium will keinen blinden Glauben, das Evangelium ist kein Lob der Unvernunft. Im Evangelium von heute zeigt Jesus ja auch den anderen Jüngern seine Hände und seine Seite – da ist es nur recht und billig, dass auch Thomas sie sehen will! Gott gab uns Augen zum Sehen, Hände zum Tasten, einen Verstand zum Denken – und diesen Sinnen dürfen wir vertrauen, weil wir auch der Welt und der Wirklichkeit vertrauen dürfen, in der wir leben! Freude an der Schöpfung und Neugier auf die Wirklichkeit hatte auch Hans Küng. Erstaunlich, wie er sich auskannte in den anderen Wissenschaften: Er wusste, wie die Astronomen die „schwarzen Löcher" im Sternenhimmel erklären; was die Biologen von der Evolution des Lebens lehren; was die Psychologen über die Abgründe der menschlichen Seele ahnen. Küng hatte keine Sorge, dass die moderne Wissenschaft einem den Glauben austreibt! Sie bringt uns doch zum Staunen über Gottes Schöpfung!

Als die anderen Jünger dem Thomas von ihrer Begegnung mit dem Auferstandenen berichten, treffen sie ihn draußen, beim Einkaufen auf dem Markt vielleicht. Er hatte sich nicht wie die anderen eingeschlossen und von der Welt da draußen abgesetzt. Thomas war unterwegs bei den Zeitgenossen. – Die Welt da draußen, die hat Hans Küng interessiert, und das Leben der Zeitgenossen in einer religionslosen Umgebung hat ihn interessiert. Die fragen ja beim Thema „Ehe für alle" oder „Giftpille für Schwerkranke" mitnichten mehr nach der christlichen Moral. Küng hat sich vom Leben und den Fragen der Zeitgenossen nicht abgeschottet in einer klerikalen oder universitären Sonderwelt. Man traf ihn im Konzert, im Kino, auf der Ski-Abfahrt. Das Konzil hatte der Kirche ins Stammbuch geschrieben, dass sie auf die „Zeichen der Zeit" achten soll. Die Zeichen der Zeit aber leuchten draußen auf! Und den Zeitgenossen will Küng den Glauben erklären – in der Sprache unserer Zeit!

Das heißt aber gerade nicht: den Glauben anpassen und nach Belieben zurechtschneidern. Der Apostel Thomas will die Wunden Jesu sehen. Nicht irgendwer, nicht irgendwas soll sich ihm zeigen, sondern der „echte" Jesus, der Gekreuzigte. Seine Wunden stehen ja für das, wofür er mit seinem Leben eingestanden war – für seine guten Worte, für seine Zuwendung zu den Armen, für seine Botschaft von einem barmherzigen Gott …

Den „echten" Jesus wollte Küng den Zeitgenossen nahebringen. Und darum forschte er so gründlich nach, was später, in der Zeit der Kirche, alles um das Evangelium herum gewachsen ist, aber nicht unbedingt zum Kern des Evangeliums gehört – ob es das Zölibat ist oder die absolute Befehlsgewalt des Papstes oder die vermeintlich gottgewollte Unterordnung der Frauen.

5

Um diesen Kern freizulegen, schrieb Küng unzählige und teils sehr dicke Bücher. Aber an ihr Ende setzte er oft ein paar Zeilen, in denen er den Kern des christlichen Glaubens auf den Punkt bringt. So lauten sie:

> In der Nachfolge Jesu Christi
> kann der Mensch in der Welt von heute
> wahrhaft menschlich leben, handeln, leiden und sterben:
> In Glück und Unglück, Leben und Tod
> gehalten von Gott,
> und hilfreich den Menschen.

Der Apostel Thomas, der kritische und gläubige, hat es noch kürzer gesagt: „Mein Herr und mein Gott!"

Die Autoren und Herausgeber

Wolfgang Beinert, Prof. Dr., em. Ordinarius für Dogmatik und Dogmengeschichte an der Universität Regensburg

Claudio Ettl, stv. Direktor der Akademie Caritas-Pirckheimer-Haus Nürnberg

Ottmar Fuchs, Prof. Dr., em. Ordinarius für Praktische Theologie an der Universität Tübingen

Siegbert Keiling, Pfarrer i.R., langjähriger Pfarrer der Schlosskirche Bayreuth

Theo Kellerer, Domkapitular i.R., langjähriger Stadtdekan Nürnberg

Bernd Elmar Koziel, Prof. Dr., apl. Professor für Fundamentaltheologie und vergleichende Religionswissenschaft an der Universität Würzburg, Domkapitular

Georg Kraus, Prof. Dr., em. Ordinarus für Dogmatik an der Universität Bamberg

Johannes Rehm, Prof. Dr., apl. Professor für Praktische Theologie an der Universität Erlangen-Nürnberg

Hans-Peter Weigel, OStR i.R., Künstlerseelsorger und Rundfunk-beauftragter i.R.

Georg Zenk, Dr., StD i.R., Diakon mit Zivilberuf

Josef Zerndl, Msgr. Dr., Domkapitular i.R., langjähriger Pfarrer von St. Hedwig in Bayreuth und Regionaldekan von Bayreuth

Die edition cph im echter-Verlag

Untragbar. Ein Menschenrecht auf faire Kleidung (Band 1)
ISBN 978-3-429-04315-5

Erfolgsgeschichte Menschenrechte (Band 2)
ISBN 978-3-429-04325-4

WEGumWEG. Manfred Hürlimann. Ein Bilderzyklus im Caritas-Pirckheimer-Haus (Band 3)
ISBN 978-3-429-04373-5

Caritas Pirckheimer und ihr Haus. Gedanken zum 550. Geburtstag (Band 4)
ISBN 978-3-429-04358-2

Laudato Si': Gemeinsam die Welt FAIRändern (Band 5)
ISBN 978-3-429-04464-0

Was tun gegen »rechts«!? (Band 6)
ISBN 978-3-429-04463-3

Das Religiöse ist politisch (Band 7)
ISBN 978-3-429-05387-1

Gebt ihr ihnen zu essen! (Band 8)
ISBN 978-3-429-05456-4

Blick zurück nach vorn (Band 9)
ISBN 978-3-429-05520-2

Der Nationalsozialsmus (Band 10)
ISBN 978-3-429-05725-1